続・多次元のコミュニケーション

長谷川　宏司［編著］

大学教育出版

まえがき

コミュニケーション（Communication）と言うと、一般的には会話を通した人と人との情報伝達を思い浮かべる方が多いと思うが、生物の細胞間の化学物質を介しての情報伝達といったミクロな事象から、生物個体間の身振り、音声、匂いや化学物質を介した情報伝達、さらに人と人においても会話だけでなく、視覚や聴覚、接触などを通した知覚、感情、思考などの情報伝達もコミュニケーションと言える。また、他者との情報伝達に留まらず、いわゆる、自問自答や〝夢〟のように他者と自身が登場し、それを自身が視聴するといった自身の内心における情報伝達、さらに地球上に生息する人類を含めた生き物や地球環境そのものに対する人類の情報伝達もコミュニケーションと言えるのではないだろうか。

二〇一一年三月十一日未曾有の大地震・津波・原子力発電所からの大量の放射能漏れといった大災害が東日本を襲った。正に、これまで人類が地球環境にしでかしてきた悪行に対する自然の反撃である。長年に渡る国家・地域間の戦争を初め壮絶な文化的競争が繰り広げられた結果、人類によって取り返しの効かない位の地球環境の汚染が蔓延してきたのである。政府は東日本大震災の爪痕、取り分け原子力発電所の事故は収束されたと宣言したが、誰の目からも明らかなように放射能飛散の原因解明や津波防堤の改修工事もほとんど停滞し、さらに依然として福島の原子力発電所の完全なコントロールも覚束ない状態である。それにもまして、被災者の精神的・物資的ケアもままならない状態が続いている。このような状況であるにもかかわらず、経済界からの強い要望で原発の再稼働が始まった。国会周辺では多くの国民による極めて強い意思表示としてのデモが続いているが、政府は国民の悲痛なコミュニケーションに対して声ではなく雑音としか聞こえていないようだ。自然災害ではなく東京電力と官邸による人災であることが国会事故調査委員会によって明らかにされた。地震や津波に対する対策を怠り、事故直後の危機管理も素人であったことが暴かれたのである。つまり、政治家や官僚等国を統治する側と国民との間で結ばれてきたはずの良好なコミュニケーションが前者によって裏切られてしまったということである。事故の根本原因は日本人に染みついた慣習や文化にあり、権威を疑問視しない、反射的な従順性、集団主義、島国的閉鎖性にあるという識者の考えに同感である。ただ、その理由だけで贖罪されるものではなく、結果として世界各国に放射能を飛散させた重罪は地球の一構成員としての日本人にとって将来にわたっても背負っていかなければならない重い十字架だと思う。

避難所や慣れない他県で生活を余儀なくされている方々が今年の夏の酷暑や来る冬の厳寒に耐えるだけの対策が政府関係者によってしっかり取られているのか、大変疑問である。物資的ケアはもちろん、精神的ケアが極めて不十分なため、自ら命を絶つ方々が少なくない。大震災前は、家族で良好なコミュニケーションを維持し、連帯感をもって生活をしてきた人達が大震災によって引き裂かれ、そのことで孤独な生活を余儀なくされたことに原因があろう。大震災以来、忘語となっていた「絆」という言葉が様々な場面で使われるようになった。「絆」とか「恩愛」といった、人と人とをつなぎ留め、そこに生まれる情愛や親しみ、つまりコミュニケーションの大切さが再認識されたのであろう。

筆者は二〇〇六年『多次元のコミュニケーション』を出版した。生物学的には人間の寿命は一二〇年位とも言われている。しかし、現実的には様々なストレスによって寿命が短くなりせいぜい八〇から九〇歳位である。この長いようで短い自身の人生の道のりだけでなく、他人の、しかも自分では経験出来ないあるいは出来なかった道のりを己の心に重ねることが出来たらどんなにか充実した人生を送れるのではないかと考え、様々な時と空間で活躍している人達の感性、世界観、人生観や技力などによって得た、他者とのコミュニケーションの方法・技について執筆していただいた。この小書は多くの方々に講読され、大学のテキストとして使用されたり、大学入学試験問題に引用されたりした。今回、前述のように「絆」の重要性が再認識されている現状を踏まえ、正に様々な場面で特異なコミュニケーションを展開しておられるプロからセミプロの方々に再度あるいは新たに登場をお願いし、『続・多次元のコミュニケーション』の出版を企画した次第である。

本書では、第一章から第四章までは人と人との直接的コミュニケーションについてそれぞれの分野のスペシャリストに執筆をお願いした。第五章は他者を演じて聴衆の視覚と聴覚に訴える演劇を通したコミュニケーションを、第六章と第七章は主に聴覚を介した音楽家と聴衆者とのコミュニケーションについてそれぞれのスペシャリストに執筆していただいた。第八章から第十章までは主に視覚を介した芸術家と鑑賞者とのコミュニケーションについて執筆していただいた。第十一章は下界における様々なストレスに懸命になって応答する生活を離れて、精神的・肉体的鍛練のもとで天空に近い山の頂きを目指す登山愛好家によるコミュニケーションについて執筆していただき、第十二章は自然科学者の一人として筆者が四十数年余の研究生活を通して体験した様々なコミュニケーションについて紹介したものである。

読者の皆さんが、様々な時と空間で活躍している執筆陣によるそれぞれの個性・感性・世界観・人生観や技力などによって得た、他者とのコミュニケーションの方法・技などについて興味をもってご自身の人生に重ね合わせることによって、より充実した人生を送っていただく端緒になれば、編者として望外の喜びである。

長谷川宏司

二〇一二年七月

続・多次元のコミュニケーション

目次

第一章

異文化人とのコミュニケーションについて

仕事・家庭・友人関係など、すべてにおいてコミュニケーションは人間関係の礎と言えます。一方コミュニケーションで生じた問題は、コミュニケーションでしか解決出来ないのも事実です。

現代社会は一〇年前と比べ多彩なコミュニケーションの手段が発達してきましたが、友人と議論する機会は減り、会社・家庭での会話も少なくなり、人間関係は希薄になりつつあるように感じます。その「歪」は徐々に大きくなっていると言えるでしょう。

今回「異文化人とのコミュニケーション」と言う命題を頂き、改めてその重要性と面白さを考えてみたいと思います。ただし〝異文化〟の定義は難しいので（私の家内にしても私とは異なる文化で育っています）外国人に限らず、広い意味の異文化人とさせていただきます。

コミュニケーションを構成する要因としては文化・個性・宗教・職業・年齢・性別・経験など様々な要因が考えられます。その中で特に文化・個性・宗教・職業（これは仕事上のコミュニケーションとして）に絞って取り上げたいと思います。

① 文化

後で詳しく触れますが、コミュニケーションの手段としては〝言葉〟と〝行動〟しか有りません。もちろん文字や映像もありますがそれも〝言葉〟の範疇に含めたいと思います。

この異なる文化の尊重こそ相互理解のためには欠くことの出来ない要因と考えます。

他者との関係の中で「何故？」「ウソでしょう！」と言った理解を超える経験は皆さんお持ちのはずです。これは、その背景にある文化を知識として理解することで、ある程度カバーが出来、相互の理解度も深まるかも知れません。

② 個性（パーソナリティ）

当然のことながら人種を超えて個人には、それぞれパーソナリティがあります。これも後ほど詳しく述べますが、それぞれに分類されたパーソナリティスタイルは人種には関係なく個々が持つ個性としてとらえる事が出来ると思います。その分類によって人を観察し、その対応を行うと非常に面白い反応（ある意味、分類通り）があり興味深いものです。

③ 宗教（価値基準として）

日本はその歴史より、時には為政者が宗教を利用しながら時代が成り立って来たと感じます。加えて日本は、島国でありすぐ隣に価値基準の異なる人々が存在することをあまり実感してないと言えます。世界の歴史を見る場合、宗教の歴史を見た方がその背景にあるものを理解し易い側面があるほどです。

昔より八百万の神々が基準にあった私達にとって一神教の世界は、馴染みがなく儒教の価値基準も日本の中で融合し、いろんな変遷があったと言えるでしょう。

④　職業

ここでは職業におけるコミュニケーションの差と言うより仕事上のコミュニケーションについて考えてみたいと思います。特に組織上またはリーダーシップ上のコミュニケーションについて考えてみたいと思います。

一、文化についての再考

経験①

もう随分昔になりますが、私がブラジルで一年ほど生活していた頃の経験です。

サンパウロ州の農家の方にお世話になり農場の管理頭みたいなものを任されていました。ある使用人（現地ではカマラーダと言う言い方をしていました）はとても優秀で、他の使用人に指示を行えるくらい熱心でもあったのです。農場主にその旨を話し、給与をあげることになりました。給与は週給でしたので、一日分多く出すことにしたのです。

週五日の労働と考えると実に二〇パーセントもの賃上げになるのですが、その彼が取った行動とは、一日休んでも元と同じ給与が貰えることになった訳ですから、一日休むようになったのですね。

私の基準からすると、更に頑張ってもっと給与を貰うような欲がでるか、もしくは上げてもらった農場主の期待に応える事を考えるのですが、彼の場合そうではなかったのです。
そう言えば給与引き上げのお願いをしたとき、農場主はニヤニヤしていたのを思い出し、その訳を尋ねてみると、「いや単純に一日分給与を上げるとそのような事になるのは分かっていた。彼らの基準は違うところにあるので、給与一つの上げ方でも考える必要があるんだよ」との事です。その当時の私にとっては、理解し難いショックであった事を覚えています。

経験②
これは最近の話なのですが、アジアパシフィックエリア（AP）の会議に初めて参加した時の事です。
APのマネージャーが、会議の最後に質問がないかどうか確認したところ、何を思ったかインドからの参加者が、堂々と感想を言い出したのです。全く質問でもなく感想のみです。（おいおい、違うだろう！）と思いながら、黙っていると、今度は負けじと中国からの参加者が、更に堂々と感想を話し出した

ブラジル・イグアスの滝にて（筆者：左から２番目）

のです。個人的な問題（質問も感想もごったにして話すこと）と思っていたのですが、どうも違う。感想であろうと質問であろうと、彼等にとっては、皆の前で自分の意見を述べることが重要なのですね。この辺りは、日本人の苦手なところであり、また真面目なところ（質問があるかないかを聞いているのだから……と考えます）なのかなと思った次第です。結局、何ヶ国かの人達が感想を言い合い、会議は終了したのですが、日本からの参加者達は、誰も感想さえ言わないのです。その彼らの為に弁明しますが、英語力は素晴らしい同時通訳並のものを持っていて討論は出来るのです。それなのに……それなのに……質問はないから発言はしないのです。

多分参加の日本人は「質問は？」の意味を素直にとらえ、また特に質問もない為話さない、手を上げないだけの事と理解したところです。

多分手を上げている彼らにとっては、意に沿った回答より主張することの方が重要だったのでしょうね。文化と個性を分けて話すことはとても難しいので、あくまでも異文化の中

アジアパシフィックエリア（AP）会議

のコミュニケーションに絞って考えたいと思います。

単一民族と言われている（異論があるのは承知の上で）日本においては、相手が理解してくれるであろうと言う期待のもとに会話が成り立っています。

「言外の意をくむ」「行間を読む」あるいは「以心伝心」など異文化の中のコミュニケーションでは、全くあり得ないことをまず最初に認識して置くべきでしょう。

私たちが慣例としているお辞儀と握手の距離の違いがあることを認識して置くべきでしょう。

相手が理解しているであろうと言う期待感は持たず、理解しているかどうかの確認と同時に、相手が何故そのように考えるのか、その理由はまた何故なのかを理解して初めてコミュニケーションが取れた状態と言えるかも知れません。

その為には、相手の文化への理解と尊重、それにも増しての日本文化の理解・説明できる状態にあることが必要な条件かも知れません。

昨今、海外渡航者は増加し、休みを海外で過ごす日本人は以前と比べ多くなり気軽に海外に行けるようになってきました。

ただ残念ながら、異文化への理解が深まりつつあるかと言うと少し疑問があります。あくまでも内なるバカンスとしての海外が多いようです。

何処の何が美味しかった！安かった！綺麗だった！だけでなく、是非とも何かしらの文化・価値観の違いを一つでも体感して欲しいものです。

二、パーソナリティについての再考

自分の事は自分が一番分かっている。これはこれである一面では正しいかも知れません。ただしその行動様式からすると、自分の行動がどのように受け止められているかは、自分自身よく分からないのが現実だと言えるでしょう。あるセミナーに参加した際、以下のパーソナリティの分類を聞く機会がありました。なるほどと思える部分が数多くありましたので列記してみたいと思います。

パーソナル・スタイルの分類（表1）

行動派（ドライビング）

基本ニーズ：目標の達成

【能力が伝わるように的確に説明し、迅速な対応をする】

・話の切り出し：なるべく早い段階に本論に入る
・本論の進め方：結論を先に伝え、説明は簡潔に
・資料の使い方：結論やポイントが一目で分かる資料
・意思決定：選択の余地を与えて相手に決めさせる
・話題：仕事の結果中心に話を進める
・話し方：断言度合を強めて話す

表1　パーソナル・スタイル

感情を抑える

傾聴する ⇔ 主張する

思考派（Analytical）	行動派（Driving）
考え深く慎重 批判精神が旺盛 細部に注意を向ける 理論・事実を尊重 過程を重視	目標達成を目指す 時間を効率的に使う 行動・決断が速い 結果尊重 自分自身の手で決断を下す
協調派（Amiable）	**感覚派（Expressive）**
批判精神を欠く 周りの人を援助する側に回る 先入観を持たない 周りの人の意見を尊重 チームワークと協調を重視	自信に満ちている 衝動的 ヒラメキで決断する 未来志向 強い人間関係を持とうとする

感情を表す

感覚派（エクスプレッシブ）

基本ニーズ：認められること、喝采、好意

【豊富な話題を準備し、相手の快活なテンポに合わせて話す】

・話の切り出し：その人に関する話題から入る
・本論の進め方：話の大筋を伝え、アイデアなどについて意見を求める
・資料の使い方：デザインにも配慮したユニークな資料
・意思決定：判断に伴う行動の魅力に訴える
・話題：その人が関心を持っていることを中心に
・話し方：テンポを上げ、活発に話す

協調派（エミアブル）

基本ニーズ：対人関係とそれを取り巻く環境の安定性

【個人的な会話から入り、結論を急かさぬように配慮する】

・話の切り出し：仕事以外の話から入る
・本論の進め方：話の途中で賛否を確認する質問をする
・資料の使い方：あまり形式ばらない体裁で
・意思決定：選択肢を多く与えない

・話題：なるべくその人を中心に話を進める
・話し方：穏やかにゆっくり語りかけるように話す

思考派（アナリティカル）
基本ニーズ：正確さ、緻密さ、考え深さ
【冷静に話をよく聞き、適宜質問を入れ、確認しながら話を進める】
・話の切り出し：話の全体像を伝えてから本論へ
・本論の進め方：具体的、実用的な例を示しながら、体系だった説明をする
・資料の使い方：ミスのない詳細な資料
・意思決定：客観的な情報を提供し、時間を十分与える
・話題：仕事中心に話を進める
・話し方：言葉を選びながら慎重に話す

さて、あなた自身はどのスタイルと考えますか？　また周囲からはどのスタイルと思われているでしょうか？

決して誤解して欲しくないのは、パーソナル・スタイルの分類であり良い・悪いの分類ではありません。

また面白い事に、自己分析と周囲の人たちが感じているスタイルには結構開きが有るのも事実です。

このそれぞれのスタイルは、その個人の持っている個性ともいえるスタイルであり、基本的に変わらない

と考えてよいでしょう。相手のスタイルを把握できれば、より有効な会話（コミュニケーション）が出来ると思います。すなわちより良いコミュニケーションのためには相手のスタイルを理解し、そのスタイルに合わせて対応することが重要と言えるでしょう。何しろ相手はそれぞれ違った個性を持っているのですから、こちらもそれに合わせた対応が大事と言う事になります。これはスキルの問題であり当然と言えば当然ですが、日常の会話の中で、意識して行うことは中々難しく、現実は無意識の中で対応しているのが実情でしょう。ただし、そのスタイルの認識を取り違えたり（あるいは相手が変わろうと同じ対応しかしていない場合）した場合は、「何故か彼とはコミュニケーションが取りづらい、よく分からないんだよなー」と言う事になるでしょう。

経験③

私が福岡営業所にいた時の話です。前日、新人に近い部下に厳しい叱責とこの様になって欲しいと言う要望を出した次の日の事です。出社してきた彼は朝一番に私の所に来て「所長!昨日はいろんなご注意を有難うございました!今日から心も入れ替え、一生懸命頑張ります！」と目をキラキラさせて宣言してきたのです。私は「そう。スゴイネ。」「そんな気持ちになってくれたんだ！」と言うと彼は更に目をキラキラさせ力一杯「ハイ!!」と自信満々返事してきたのです。私は「で、何を頑張るの?」と聞いたところ、その彼は「えっ?.?.」と絶句したまま固まっているのです。彼本人の意欲は尊重するものの、気持ちだけが先行して何を、どの様にして頑張るのか不明なのですね。私のスタイルとしては、より具体的でないと納得しないタイプです。一時間以上かけていろんな面からの指示と叱責をしたつもりでしたが、彼にとっては〝決意表明〞がその解答だった訳です。また改めてそれから一時間……理解して貰うのに……。チャント理解して貰うのには手間がかかるものです。

三、宗教についての再考

ある海外の方と話した際、私の宗教を聞いてきましたが、無宗教に近いと話したところとても不思議な顔をされたことを憶えています。多分彼にとっては、私の価値基準が何処にあるのか分からなかったのでしょう。それで不思議な顔をされたと後で気づいた次第です。

やはり一神教を信じる人々にとって、当然ながらその他の神は、否定する存在なのでしょうか？

この基本的価値観の異なる人達とのコミュニケーションは、仕事上は別として個人的にはとても難しいものと感じます。

どうも考えるに日本人の中には、聖徳太子の「一七条憲法」が根本にあるように感じます。すなわち第一条にある「以和為貴……／和を以って貴しとなし……」の文章です。およそ一四〇〇年以上も前のこの憲法が現代人にどの程度の影響を及ぼしているか、よく分かりませんが、基本的な基準に何かしらの影響があると感じるところです。日常の中、仕事の中においてもこの「一七条憲法」は見えないところで根本にあるように感じて仕方ないのです。

「一七条憲法」は決して経典ではないと思うのですが、日本人に染みついた価値基準と思われます。その証拠に日本人同士のディベートは中々本来の形態には成り難い面があります。絶対的な基準を持たない日本人は、ファジーな灰色の結論を求めやすく双方丸く収まることが重要と考えているのではないでしょうか？まさに〝和を以って尊しとなし……〟です。本来の「一条」の意味合いとしては、「一条」の後半にあるように「上の者も下の者も親睦と協調のスタンスを以って話合えば、道理にかない、成就するでしょう」という物です。〝和〟と言うものも時代と共に少し変わって来ているかも知れません。

『世界の宗教と戦争講座』（井沢元彦著　徳間書店）によれば、「水に流す」と言う価値観は日本固有のものとあります。

一つの例に挙げられているのが、韓国との関係においての事です。日本人は「水に流す」ことが習慣化されたり、場合によっては評価される場合があるが、韓国においては全くそのような価値基準・習慣はないと言う事です。日本においては、原爆投下・シベリア抑留など被害者としての恨みは水に流して新たな一歩を歩こうと言う事は、日本人には分かり易い事です。ですから韓国（顔の色も目の色、髪の色も同じ）にも水に流すことを無意識の内に期待し、昔の事を何故韓国はいつまでも拘っているんだと考えるとの事です。実は日本人以外、世界中にそういう価値観を持った民族はいないし、日本人が無意識に期待するのは間違いなのだと述べています。

正しくこれは、基本的価値観の差による問題と言えるでしょう。

昨今、世の奥様方に限らず韓流ブームは凄い勢いがありますが、基本的な価値観が異なることを意識しておくべきではと思うところです。

また国境という物を日常に全くといって良いほど感じていない事も日本人の一つの特徴と言えるでしょう。それは、「危機管理」や「国を守る」「文化を守る」と言う意識が低い事にも通じると思います。この意味においては、元来日本人にとっては、異文化と意識したコミュニケーションを取る必要はなかったのかも知れませんし、その結果異文化とのコミュニケーションは下手な民族かも知れません。

四、仕事上のコミュニケーションの再考

私生活においてもコミュニケーションの成否は大きいものですが、仕事上においてはまさしくその結果に直結する大きなものである事はご存じの通りです。

(一)　仕事の三面等価

これは、現在の会社に入社したての頃、上司より教えられた事ですが、仕事には①責任②権限③義務の面があり、その値は等しくなければならないと言うものです。図1で示す通り、それは正三角形にならなければならない。すなわち責任と権限と義務は等しい値であるべきで、どの面が偏っても問題が生じるとの教えでした。図2に示すように責任と義務のみ大きく権限の小さい二等辺三角形では、仕事の指示の仕方・受け

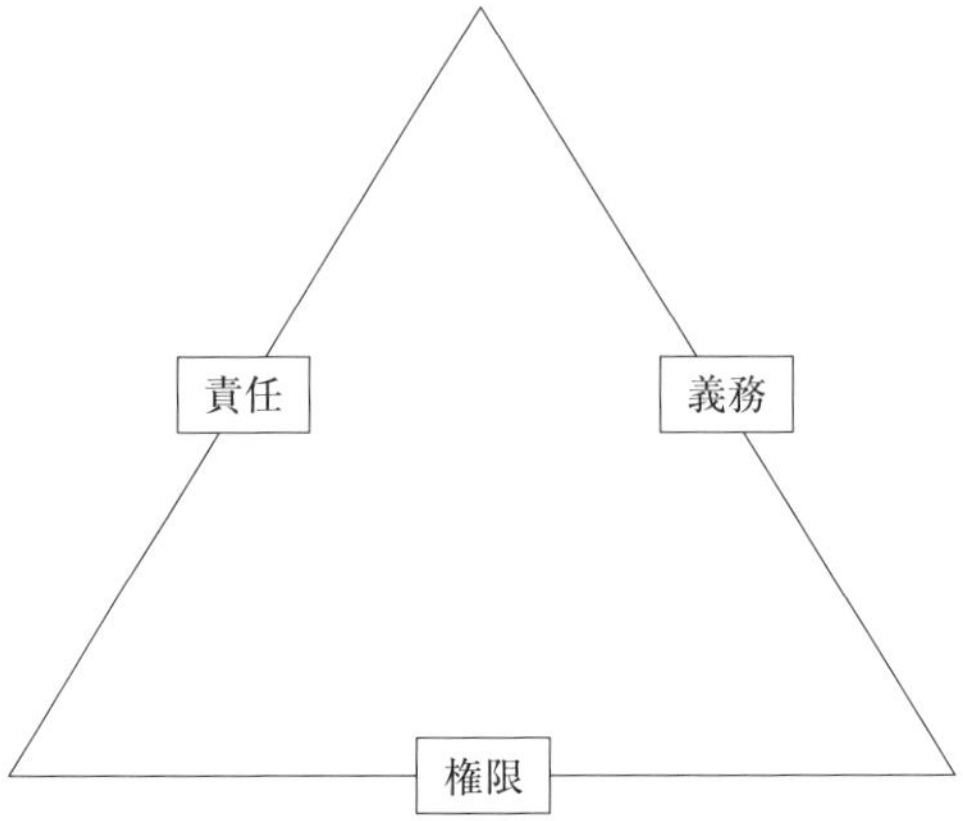

図１　三面の等価状態

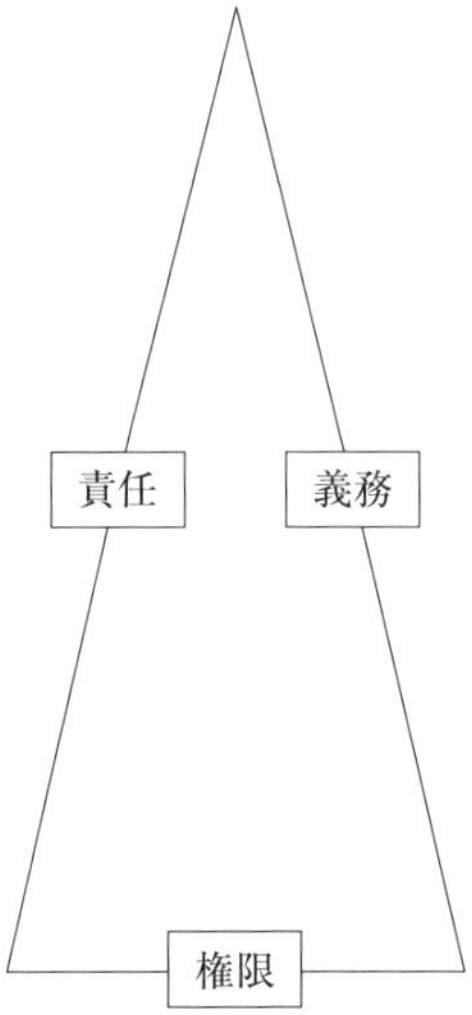

図２　権限の縮小状態

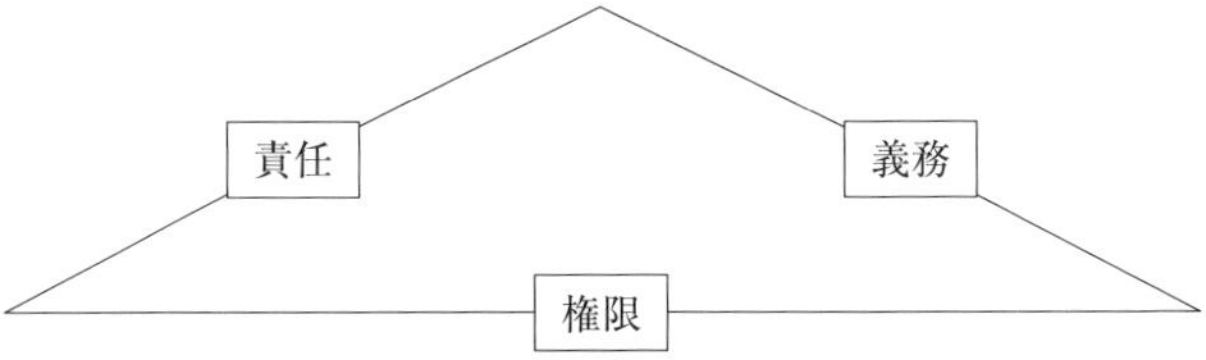

図３　権限の肥大状態

方として納得性は得られないでしょう。つまり、責任と義務のみ大きく持たされ、それに見合う権限がない状態と言えます。これでは、思うような結果を得ることも、その人の成長も期待できないかも知れません。一方図3のように権限ばかりが大きく、責任と義務の小さな形です。上司がこの様な形態ですと部下から不満が出てくるでしょうし、いずれその個人・組織は大きな歪みが出てくる事でしょう。

この三面等価は仕事上だけでなく、親子・友人関係においても同様のことと思います。ついついその立場によって二等辺三角形になりがちで、意識しておく必要があると思います。

（二）リーダーシップの関連性

仕事上いかなる立場であっても、その強弱はあってもリーダーシップは、業務遂行上必要なものです。そしてそれは、良好なコミュニケーションの状態のときに発揮されると言えます。

では、リーダーシップとは、どのような機能を持つものかと言うと以下の機能を持つと言われています。

（1）要求性機能

① 部下に仕事を指示し、最大級の能力を発揮するように求め、職場の生産性を高める事を意図とした働きかけ。

② 管理者が個人的感情や保身のために取る行動ではない。

（2）共感性機能

① 部下の考え・感情などを、部下の立場で考えたり感じたりし、部下に支持と援助を与え職場に信頼感関係を醸成する働き。

② 表面上の温かさ、思いやりではダメで、真剣な相手への関心と信頼が必要。

（3）通意性機能

① 仕事上で必要な情報・知識を部下に提供し仕事の意味づけと位置付けを行う働き

② ただ伝えただけではダメで、理解・納得させることが必要。

（4）信頼性機能

① 「この上司なら」「この部下なら」と言う基本的な信頼関係で、他の機能を発揮するための要となる。

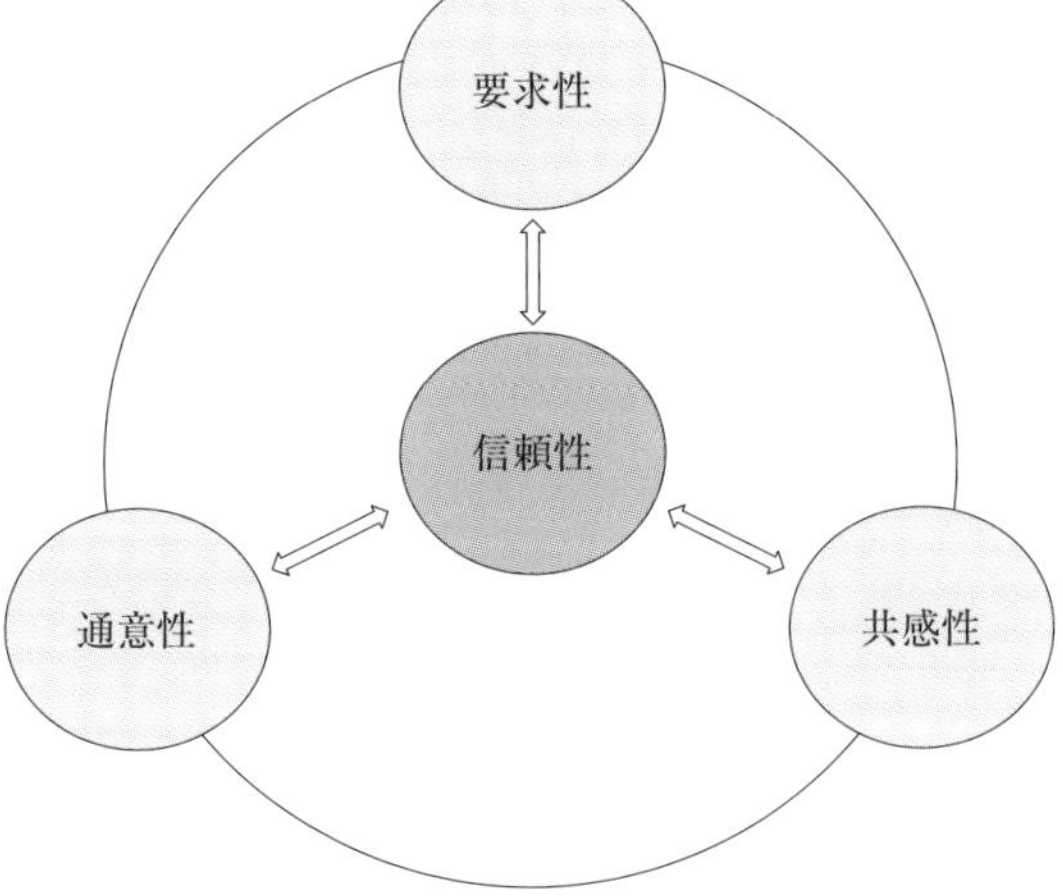

図４　リーダーシップ機能の関連性

経験④

個人的感想ですが外国の方とビジネスの話の場合も以下の表現の方がコミュニケーションはすんなり行くと感じます。具体的には「我々は○○○この様にしたい。その理由は三つある。まず一つ目は○○、二つ目は○○……」と言う会話が相互の理解は進むと感じます。

社内の話で恐縮ですが私自身は、結論を先に話してもらう方が心地良い「ドライビングタイプ」です。結論を先に話す会話がビジネスマンの当然の方法と思っていました。ところが人によって会話の方法も違ってくるのです。開発部の人に多く見られるのが「アナリティカル」なタイプで、彼らはまずその背景から話し、その理解が進んだところで結論を話すことが多くみられます。

少し話はずれますが、ある時社員が私に相談がありデスクに来ました。背景なり問題点なり時間をかけて説明するわけです。最初は聞いていましたが、その内私は下を向いて自分の仕事を私はし始めたのです。「ふ～ん、それで……ふ～ん、それで……ふ～ん」と顔も上げず（ふ～ん）を繰り返すばかりでした。とうとうその彼は「私は井上さんに質問をしているんです！　その対応は失礼と思います！」と怒り出した訳です。そこで私は「失礼なのはあなたの方じゃない？　人に意見を求める以上、自分はこうしたいとか、この考えのもとこのような結論で行動したいなど、自分の意見を先に述べるべきでは？」と回答した次第です。

よく組織内であるパターンと思いますが、上司は相談があれば回答を先に自ら出し、指示することが多いようです。これでは担当者に考える習慣が付かないでしょう。また本来のあるべきコミュニケーションとは言えないと考えるところです。

ビジネス上のコミュニケーションは以下のように定義されます。

・話を聞いた人が、話した人の満足のいくようにその話をまとめて言い換えることが出来る時、はじめてコミュニケーションがあったと言える。

・聴き手が聴いた情報をもとにして正確に行動出来る時はじめてコミュニケーションがあったと言える。

つまり「二本のトンネル」を両方から掘り進め「一本のトンネル」に通じる状態とさせる事と言えるでしょう。これは両方の責任でも役割でも有る訳です。

知らず知らずのうちに私たちがとっている言動のうち、どの言動がコミュニケーションを促し、どの言動がコミュニケーションを妨げるかを知ることは、とても重要です。特に管理職者にとって、障害となっている言動を知ることは欠かせない重要な仕事と言えるでしょう。

その言動を体系付けると次のようになるでしょう。

「反応的聴き方」

ビジネス上のコミュニケーションの様子

（積極的傾聴と言い換えても良いと思います）は、相手への素直な興味を示すことで、相手からのコミュニケーションを促します。

「言い換える」

相手の話の内容を自分自身の言葉で繰り返すことで、自分自身の理解を明確にできますし、また確認の意味で役立ちます。

「自由に答えられる質問」

（はい、いいえだけでなく、何故？　どのように？　などの質問です）情報を集める時に役立ちますし、自分の言った事の理解を確認する事にも役立ちます。

「共感」

相手の感情に対する自分の理解を示し、ある問題を解決するのに役立ちたいと言う自分の気持ちを相手に伝えてくれます。

このような所謂スキルを身に付ける事で、相手とのコミュニケーションは、飛躍的に向上する事と思います。
ただし、これはあくまでもスキル上の話であり最も重要なことは、基本として

「相手を理解したい」

「自分自身を理解して欲しい」

と言った能動的感情を言葉（もしくは行動）と言った手段で表現しようとする意志が前提である事は言うま

でもありません。

何れにしましても、コミュニケーションは生きている以上常に、私たちを悩ますものでもあり、また喜びを与えてくれるものである事は間違いない事でしょう。

最後になりますが、コミュニケーションに関するいくつかの格言を羅列したいと思います。

「耳は二つであるが口は一つであることを知ろう」
「心から出た言葉は心に達する」
「満足した顧客は最大の宣伝員となる」
「信用は買うものでなく与えられるもの」
「説くことが難しいのではない、相手の心を知ることが難しいのだ」
「太陽は太陽の方へ進んでゆく者の前に現れる」
「学ぶのに歳をとり過ぎたと言うことはない」

縷々《るる》思いつくままの内容になりましたが、奥深いそしてまた単純な面を持つコミュニケーションについて考える機会を与えて頂いた事に御礼申し上げますと同時に、本稿を書くにあたって、(株)ラーニングシステムズの高原要次社長およびそのほか多くの方々に多大な情報提供と示唆を頂きました。紙面をお借りし御礼と共に深く感謝いたします。

第二章　小児看護を通したコミュニケーション

私は、十数年にわたって看護基礎教育の場で教員として学生指導にあたっています。もともと看護師として主に成人の急性期看護に携わってきたのですが、縁あって現在は小児看護（子どもの看護）を担当しています。

小児（子ども）が成人（大人）と最も違うことはどんな時も成長発達を続けているという点です。一般に、小児期は出生から一五歳未満とされています。人生八十数年の時代にあって最も短いのが小児期です。小児期は短いのですがその短い期間に人としての能力を積極的にかつ最大限に獲得していく時期です。この「人としての能力を積極的にかつ最大限に獲得していく」過程が子どもの成長発達です。この時期に目覚ましい成長発達を遂げる子どもが、時として成長発達の幹が傷つけられるような体験に遭遇することで、通常では想像できないような痛々しい成長発達の歪みを見せることがあります。その痛々しい成長発達の歪みから表現される数々の行動や言葉は、子どもが傷ついた心で、私たち大人に傷ついていることを訴え助けを求めているメッセージなのだと思います。

私は看護師として多くの患者さんに関わってきましたが、実は子どもの患者さんには多く接したことがありませんでした。教員として学生とともに小児病棟で臨床実習をしながら小児看護の専門家たちから多くのことを教わってきました。長年小児看護に携わってきた専門家たちの卓越した子どもたちとの関わりに触れ、私は驚き感銘を受けました。本章では、そんな事例のひとつと私の体験をご紹介したいと思います。

日本にはまだ多くはありませんが、精神科領域もしくは小児科領域の中に児童精神科という診療部門があります。児童精神科の主な治療対象は初診時十五歳までの不登校・ひきこもり、強迫性障害（不潔恐怖など）、うつ病、転換性障害、解離性障害、摂食障害、注意欠陥／多動性障害（ＡＤＨＤ）、自閉症やアスペルガー障害などの広汎性発達障害、児童思春期精神病などです。最近は不潔恐怖など様々な疾患を背景に不登校となり、ひきこもっている子どもや、ＡＤＨＤとアスペルガー障害を中心とする発達障害の子どもの受診が目立っています。児童精神科における治療は外来治療が中心ですが、ひきこもりが長期に及んだ小中学生や、症状が深刻化して家庭生活が困難になった児童などでは、必要ならば入院治療を導入し、精神医学的専門治療に加え、院内学級と協力した家庭復帰・学校復帰のための援助にあたるのが児童精神科の役割です。

Ａくんは五歳の男の子、五歳にしては小柄で痩せていました。茶色のトレーナーを着ていましたがそのトレーナーの袖口は数々の汚れにまみれて伸びきっていました。そして素足に病院の子ども用のスリッパを履き児童福祉施設の職員に連れられてその病棟にやってきました。驚いたことに、Ａくんは両目の視覚を失っていました。

Ａくん・５歳

手探りでここはどこだろうということを確認していました。児童福祉施設の職員から病棟師長がＡくんのこれまでの生活の経緯について説明を受けている間中、Ａくんは落ち着かなさげに周囲を手探りで確認し続けていました。児童福祉施設の職員が「それではよろしくお願いします」とあいさつをし病棟を後にする時、Ａくんはまったく彼を追うような素振りも未練も見せずに病棟の中を手さぐりで散策を始めていました。師長が名前を呼び掛けても無表情のまま返事はしません。両瞼は閉じたまま首を斜めに傾け手探りの探索は続きました。師長がＡくんに近づき両手をとろうとしても師長の手を払いのけ師長に関心を向けようともしませんでした。師長は、しばらくＡくんの様子を観察するように担当スタッフに指示をして、まずはＡくんを病棟内で自由に行動させてみることにしたのです。自由にとは言っても、Ａくんは目が見えません。それでもＡくんは視覚に頼らず自由に行動をし始めました。

病棟には、学童期の男女児童を中心に中学生までのこころに傷を負った子どもたちが入院していました。新しく入院してくる子どもに対してすでに入院している子ども達は先輩としてとても関心をもちます。新しく入院してきた子どもの性別、学年、そして容姿。しかし、Ａくんはまだ幼稚園生の年齢。思春期にある先輩たちは少々がっかりした様子でしたが、弟のような小さなＡくんをかまってみたくなるのは当然でしょう。「何て名前?」「何歳?」「何のゲームが好き?」「一緒に遊ぼうか?」「目が見えないの?」と人懐っこい先輩たちがＡくんを質問攻めにしＡくんを囲みます。するとＡくんは突然、自分より身体も年齢も大きいお兄ちゃんたちに唾を吐きかけたのです。それも一回や二回ではありません。ぺッぺ、ぺッぺ、ぺッぺとお兄ちゃんたちに唾を吐き続けました。友好的に近付いていった子どもたちには堪ったものではありません。

「うわーなんだこいつ！きったねえ！」と大騒ぎになってしまいました。それでもAくんはペッペ、と唾を吐き続け病棟ホールのフロアは唾だらけになってしまいました。

それ以降もAくんは自分に近寄って来る人に対して唾を吐き、時には拳を振り上げたり、足で蹴りを入れることもありました。しかし所詮五歳の目が見えない小さな子ども。大きなお兄ちゃん達にかなうわけもなくかえって大きな子どもたちにからかわれ、空を切る唾、拳、蹴りを出し続けるだけでした。それからというもの、病棟の作業補助員の人たちはAくんの後を追ってフロアにモップを掛ける日々が続きました。実はAくんは家庭内で親から不適切な養育と身体的虐待を受け続けてきていました。

日本では子どもへの虐待について、児童虐待防止法で、「保護者（親権を行う者、未成年後見人その他の者で、児童を現に監護するものをいう）がその監護する児童（一八歳に満たない者）に対し、次に掲げる行為をすること」と定義されており、以下の行為が示されています。

① 身体的虐待

子どもの身体に痛みと苦痛が生じ、または外傷の生じるおそれのある暴行を加えることです。例えば、一方的に暴力を振るう、殴る、蹴る、叩く（平手等）、外傷がなくとも継続的に痛みを与える、戸外に締め出す、部屋に閉じ込める、などの行為です。

② 心理的虐待

児童に著しい心理的外傷を与える言動を行うことです。心理的外傷は、児童の健全な発育を阻害し、場合によっては心的外傷後ストレス障害（ＰＴＳＤ）やアダルトチルドレンなど、重大な精神疾患の症状を生じる恐れがあります。例えば、言葉による暴力、一方的な恫喝、無視や拒否、否定、自尊心を踏みにじるなどです。

③　性的虐待

子どもにわいせつな行為をすること、またはわいせつな行為をさせることです。具体的には、子どもへの性交・性的行為の強要、性的欲求を伴った接触、性的な映像をみることの強要、さらにはポルノグラフィーの被写体に子どもを強要するなどです。

④　ネグレクト（育児放棄）

児童の心身の正常な発達を妨げるような著しい減食、もしくは長時間の放置その他の保護者としての監護を著しく怠ること。例えば、病気になっても病院に受診させない、乳幼児を暑い日差しの当たる車内への放置、食事を与えない、下着など不潔なまま放置するなど。幼稚園、保育園、保育所、学校に通わせないなど。

Ａくんの母親は、未婚のままＡくんを出産しましたが、間もなくＡくんの父親はA君と母親の前から姿を消してしまったそうです。母親はＡくんを友人や知人に預けながらコンビニなどでアルバイトをし母子二人の生活を何とか維持していたようです。Ａくんが三歳になる頃母親には新しい恋人ができ三人がいっしょに生活をするようになったということです。母親の新しい恋人は実生活上はＡくんの父親的存在で、当初恋人はＡくんともよく遊び、世話をし良き父親の役割を担っていたということでした。しかし徐々に恋人は、母親がAくんの世話をすることに不満を漏らすようになり、母親と恋人の間に口論が増えていったそうです。

三歳になったばかりといえば、いたずら盛りですし、それでいてまだ満足に自分のことが自分でできる年頃ではありません。どの家庭も三歳児を抱える親たちは育児に翻弄されているのが現実です。母親が子どもの世話にかかりきりになるのは当然ですし、そんな時こそ夫婦でともに育児に関わってこそ、親子のそして家族の絆が強まり真の家庭づくりが始まっていくものです。いたずら盛りの子どもは思う存分いたずらを勤しみ、時に痛い思いをし親に守られ教わりながら、発達の一歩を進めていくわけです。子どもはこの過程を通して次に、興味本位のいたずらから目的をもった活動や苦手だけれどもしなくてはならない役割を遂行していけるようになるのです。

しかしAくんはこの時期特有の興味関心に動かされる活動、いわゆる大人から見た「いたずら」に対して厳しく躾けられることになったのです。皿からこぼれたご飯をテーブルの上にこすりつけてみたり、床や壁に殴り書きの不思議な模様を描いてみたり、恋人が大事にしていた趣味の貴金属品をお水に浸けてみたり……(これは想像ですが)、そんなたわいもないことをとがめられ繰り返し体罰を与えられたと言います。母親と恋人が言うには「躾け」の一環だったそうです。

そもそも「躾け」とは何でしょうか。躾けとはもともと仕付けるの連用形で、「礼儀作法をその人の身に付くように教え込むこと、またその礼儀作法」(大辞泉)、とあります。ここからもわかるように、子どもの発達に欠かせない興味関心に突き動かされた三歳児の行動(いたずら)は、とがめ禁止させられるものではないという事は明白なことです。三歳児のいたずらはいわば発達の一環、健康な子どもであればだれでもが通過する発達の証明です。これをとがめ禁止することは子どもの発達をとがめ禁止するようなものではないでしょうか。母親と恋人による「躾け」はもはや躾ではなく不適切な養育に陥っていったと考えられます。子どもが、やたらにいたずらをすることはあまり得策ではないことを理解し、いたずらを目的をもった行動に進化させていけるまでの間、親や養育者は子どもと自分たちに大きな危害が生じないよう環境を整え、そのいたずらが好ましい事でない事を子どもにわかりやすく伝えていくことが大切です。

Aくんの母親は次第に罰としてAくんに食事を与えなくなったと言います。自由にさせるといたずらをするからという理由で手を椅子の脚に縛ったこともあるそうです。そして母親の恋人からは、これもいたずらの罰として顔や身体のあらゆる部分を殴られたそうです。このような不適切な養育と体罰が二年余りにわたって繰り返されているうちに、Aくんはそれまでに獲得していた言葉を失い、身体は傷だらけにやせ細っていったということです。

ある時Aくん宅を訪れた母親の友人がAくんの様子を尋常ではないと判断し保健所に相談に行ったことがきっかけで、Aくんは児童相談所に保護されることになりました。発見がもう少し遅かったらもっと大きな悲劇になっていたかもしれません。保護された時Aくんは目が見えなくなっていました。言葉は発せず、温かい食事にも手を付けず、児童福祉施設の指導員が食べさせようとするとその手を払いのけ、唾を吐き出すようになったと言います。入浴も嫌がり身体の皮膚はかさかさになり、世話をしようとする大人に攻撃的な態度をとり、指導員たちはずいぶん手こずったようでした。なかなか栄養状態が改善されないのと、目が見えないはずなのに、誰の手を借りなくても施設内ではわりと円滑に移動しひとりで食堂のテーブルに座っていたりしたということで、視力と視覚の精密検査のために病院に送られてきたのでした。Aくんにとってはまた生活環境が変わることになったわけです。この事態をAくんはどのように受け止めていたのか私には知る由もありませんでした。Aくんの五年たらずの人生がいかに健常な子どもの生活とかけ離れていたか想像しただけでも心が痛みました。

児童精神科に入院したAくんの養育者はこれからは医療スタッフです。その代表格が病棟の師長でした。Aくんは看護師たちの誰にも抱かれようとしませんでした。名前を呼び手を差し伸べても近寄らず、おっとりした看護師はA君から吐き出された唾をまともに浴びるだけでした。そもそもAくんは、看護師たちを寄せ付けない強い拒否のオーラに覆われていました。看護師たちは勇気を持ってAくんに何とか関わろうと努力をするのですがAくんの絶対的な拒否のオーラに弾き飛ばされそうになるのです。看護師たちはAくんに触れることもできない日々が続きました。何とか食事を摂らせたい、風呂に入れたいと思ってもどうにもならない状態でした。しかしAくんは、食事をそのままにしておけば冷めて誰もが忘れたころ手つかみで口にほおりこんでいました。本当に視力がなかったのかしら、と思うほど的確にご飯もおかずも牛乳も平らげました。

師長が動き始めました。食事が済んだAくんがひとりでテーブルに伏せてうとうとと食堂でうたたねしている時そっと近づいてAくんの手をとりました。Aくんはびくっとして師長の手を払いのけようとしましたが師長はAくんの手を握ったままもう一方の手でぎゅっとAくんの身体を抱き締めました。逃れようとするAくんをちょっと強めに抱き「Aくんが大事だよ」といって腕の力を緩めました。Aくんははじかれたように後ろにのけぞり見えない視線を泳がせていました。こんなやり取りを師長は毎日繰り返しました。しかしAくんの反応はいつも同じで視線を宙に放ったまま師長とは目を合わせることはありませんでした。何といってもAくんは目が見えないのですから当然です。

そんな日々が何日か続きAくんは師長に心開き師長の腕に抱かれるのではないかとスタッフたちが期待し始めたころ、いつもと同じように師長が「Aくんが大事だよ」と声をかけながら近づいて手を伸ばしました。するとAくんはおもむろに師長の顔めがけて唾を吐いたのです。さらに足で師長の膝を蹴り、ペッペ、ペッペと唾をまきちらしながら脱兎のごとくその場を逃げて行きました。師長は静かに吐きかけられた唾をぬぐって頷いていました。私はいつもAくんと師長の様子を遠くから見守って（見ていることしかできませんでしたから）いました。さすがに師長はがっかりするか、もう手に負えないと憤怒するかと緊張したことをはっきりと覚えています。しかし、その時師長は穏やかな表情で大きく頷いたのでした。

次の日も師長はこれまでと同じように「Aくんが大事だよ」と手を伸ばし抱きしめることを続けていきました。Aくんはじっと師長に抱かれる時と、いきなりペッペと師長に向かってつばを吐くこともあり、周囲の者は「今日は？」とその動向に懸けをするような（不謹慎ですが）気持ちで見守っていました。しかし事態は変わり映えのしない日々でした。スタッフ看護師たちの関心もAくんばかりに注いではいられないし、「Aくんのことは師長が担当してくれている」「難しい患者さんは師長にお願いしたい」という少々依存の気持ちがあったかもしれません。

Aくんと師長の変わり映えのしない日々が続きましたがこの間師長はAくんをとがめたり非難したこと

はありませんでした。「唾を吐いてはいけません」「人を叩いたり蹴ったりしてはいけません」「手つかみで食事をしてはいけません」このようなことは一切言いませんでした。とにかくAくんとの安定したスキンシップがとれるようになることに専心しているようでした。

後に、師長が話されたことがあります。「虐待された子どもはその後、安全な場所に移っても『大人の愛情を試してみる』行動にでることがあります」と。大人からの温かい愛情のこもった関わりにいったん安心したかのように心を許した態度を見せ、大人も信頼感が得られたかなとより子どもを慈しみたいと願っている時に思いがけない子どもからの裏切りにも見える反抗的な態度に驚愕することがあります。安心な大人との関係を作っていく時にしばしばみられる被虐待児の典型的な反応です。子どもにとってはひとつの防衛機制と言えるでしょう。大人は驚きとショックで子どもを非難してしまうことがあります。そこを冷静に受け止め乗り越えなければ子どもを守ることはできません。師長は実に冷静でした。これがプロの技だと感銘を受けました。

被虐待児のケアは時間と労力を要します。子どもの心は見た目以上にそして身体的な栄養不良や外傷以上に深く傷ついています。目に見えない心の状態を客観的に把握し今何が起きているか、回復過程のどの地点に居るのか、冷静な観察力が必要なのです。子どもたちにこのような悲劇が起きないように、社会が、大人たちが、真剣に子どもの成長発達を支えなければならない事は言うまでもありません。子どものケアに当たる専門家はやはり専門家ならではの技を提供できなければなりません。私は、師長の態度からあらためてそのことを教えられました。

その後、検査の結果、A君の視力は問題なく視覚も失われていない事がわかりました。「目が見えない」状態に陥っていたことも、Aくんなりの防衛機制だったのかもしれません。自分自身ではあらがえない自分を取り巻く環境から目をそむけたかったのでしょう。Aくんは徐々に唾を吐くことが減り、周囲の子どもたちに乱暴な態度をとることもなくなっていきました。全ての看護師に心を許したわけではなさそうでしたが、師長には抱かれるようになりました。

Aくんが社会復帰するには家庭環境の整備にともなう親へのケア、家庭を支える地域や福祉の整備、とまだまだ時間がかかることでしょう。一九八九年に国連総会で採択された「子どもの権利条約」は二〇〇九年には、二〇周年を迎えました。子どもは健全に育ち守られる権利をもっています。しかし、先進国といわれる我が国においてもまだまだ子どもの権利が遵守されているかというと決してそうではないのが現実です。この現実をしっかりと認識し、次世代の支援者となる学生に伝えていくのが私の役割であると強く自分に言い聞かせています。

児童精神科病棟には広汎性発達障害の子どもたちが入院しています。広汎性発達障害とは、社会性・認知・コミュニケーション領域において著しい遅れと歪みを示す発達障害と説明されています。臨床的には自閉症の特徴を有する状態の総称として使われることが多いのですが、診断に際しては個々の下位分類の診断名が付いています。この障害は、医学大辞典によれば、社会性の発達の質的障害、とくに対人場面における相互交流活動の質的障害、コミュニケーションと創造的活動性の障害、活動範囲と興味の対象の顕著な限定の三つの特徴で規定される、とあります。

自閉症は幼児期に明らかになる広汎性発達障害のひとつです。現在では先天性の脳機能障害によるとされていますが、多くの遺伝的因子が関与すると考えられており原因は特定されていません。対人関係への無関心、言語・コミュニケーション障害など同一動作の繰り返し（こだわり行動）などを示します。自閉症の子どもたちは乳児期にはなんら他の健常な子どもたちと変わりはありませんが、誕生日を迎え、ひとり歩きや言葉を発することができるようになる頃、親が「うちの子、なんか変？」と違和感を覚え始めることで気付く場合が多くあります。目を合わせられない、名前を呼んでも無関心、白いご飯・白いパンしか食べない（混ぜご飯やジャムを塗ったパンなどは食べない）、ひとつのおもちゃに異常に執着する、言葉がなかなか出てこないなど、親はとても不安な思いの中で育児にあたっています。

自閉症は今でこそ社会に認知され希少な発達障害ではなくなりましたが、以前は親の養育の仕方が悪いからなどと言われ自閉症の子どもを抱えた親は子どもが障害を持っている事すらも知らずに日々苦悩していた時代もありました。現在日本では、一〇〇〇人に一～二人の子どもがこの障害を持っており、男の子と女の子の比率は四対一程度と言われています。

Bちゃんは三歳の女の子で重度の自閉症と診断を受け、児童精神科の幼児病棟に入院していました。朝のご挨拶の時も病棟保育士とも看護師とも目を合わせることはしません。特定の友達もいませんし大人も含め他人と交流することはありませんでした。食事もひとりではできません。食べさせてもらうのですが、好き嫌いが多く、かつ食が細く一膳をたいらげたことはありませんでした。排泄も自立していません。おしっこもウンチもトレーニング中でしたがオムツを外すことはなかなか難しそうでした。程度の差こそあれ、B

ちゃんのような障害を持った幼児期の子どもたちは幼児病棟とよばれる就学前の子どもたちが生活する病棟に入院していました。

このような子どもたちはどのような世界観を持っているのでしょうか。対人関係をもつことはできないけれど、Bちゃんがそれを残念がっているわけではなさそうでした。友達がいなくて寂しいということでもなさそうです。お気に入りのおもちゃと椅子があれば何時間でもひとりで遊んでいられるのです。ご飯を食べることよりも、大人に抱かれて眠ることよりも、ひとり自分の世界の中で遊んでいる事を何よりも好んでいるように見えました。

Bちゃんのお母さんはどんな人なのだろうか。Bちゃんはお母さんを恋しがっているのだろうか。お母さんと遊びたがってはいないだろうか。健常な子どもであれば、お家に帰りたがりお母さん恋しさにめそめそしているはずです。Bちゃんは重度の自閉症と診断されており、入院に至った理由は、「日常生活の世話に大変な労力を要し、自宅での家族による世話と生活が困難と判断された」とありました。確かに三歳ともなれば少々おませさんなら、お母さんのお手伝いができる年頃です。しかし、Bちゃんは食事も自分で摂れない、オムツもとれない、よって幼稚園にも通っていません。言葉もなく何をしたいのか、どうしてほしいのかも言葉で要求することができませんでした。Bちゃんに弟が生まれたころにはお母さんは、子どもたちの世話をすることが大きなストレスとなり

Bちゃん・3歳

もうどうにもならなくなっていたと思われます。Bちゃん一家の健康を考えると、Bちゃんが家族と離れて入院することが今できるもっともよい選択だったのかもしれません。

Bちゃんはすんなりと病棟での生活に溶け込んだようです。ただ、これまで主に世話をしてくれていたのがお母さんだったのが病棟の看護師と保育士に変わっただけのようでした。この時期の子どもでしたら、黙って大人しく入院を承諾することは珍しく、かなりの抵抗を示すはずです。泣いて泣いて泣き疲れて病院での一日目を終え数日間はこの状態が続くのがこの時期の子どもです。いわゆる分離不安と言われるもので健常な子どもでごく普通の母子間の愛着関係がつくられていれば当然の現象です。その場合、慣れた家庭環境と病棟の違いは生活全般のあり方の違いに反映されてきますので、子どもにとっては、食事をするという自立していた行為ですら勝手の違う初めての体験でありストレスになるはずです。そのストレスをどこにはきだせばよいのかもまだわからない状態です。なので抵抗するのです。何とか家庭での元の生活環境に戻してくれないかと。このように子どもにとっては最高にストレスフルな状態をすんなり受け入れるBちゃんの器の大きさにびっくりするではありませんか。

Bちゃんと出会って一週間、私はBちゃんには全く相手にされませんでした。呼びかけても、触れようとしても私など存在していないかのように、Bちゃんの視野には入ることができませんでした。だから余計に私は、彼女はいったいどんな世界観を持っているのだろうか、ととても関心を持っていました。自閉症の子ども達は、個人差はありますが何かに執着する傾向がありますし、何かされて心地よいと感じることもあるようです。それが何かは、言葉でいってくれないので簡単にはわからないのですが。私はBちゃんと何らかの接点が持てたら、そこから対人関係を作るきっかけが得られるのではないかと考えていました。とはいってもこれまで看護師や保育士さんたちが関わってきたにもかかわらず対人関係を作る訓練は足踏み状態なのですからそう簡単にきっかけを作ることはできないとも思っていました。

このころ私にも小学生になったばかりの娘がおりましたので、娘が四歳くらいの時に関心のあったことを思い出しあれこれと人気のキャラクターを見せたり歌ったりしましたがやはりBちゃんは無関心でした。私の娘は小学生になっても母親のおっぱいが大好きでしたので（夜、就寝する時は私のおっぱいを触りながら眠っていました）もしかしたらBちゃんも、と思い恥ずかしながらというよりなりふり構わず「おっぱい？」と恐る恐る自分の胸元をポンポンと叩いてアピールしてみました。しかしBちゃんは全くの無関心で少々ほっとしたものです。

ある時、プレイルームに散らかったおもちゃを片付けるために私は床に膝をついて背中を丸くした体勢で床を這っていました。するとBちゃんがよたよたと近寄ってきて私の脇でピタッと止まりました。どうしたのと声をかけても反応はありませんでしたが、かつて娘をおんぶした時のように、その体勢のままBちゃんに背を向けて猫背になり自分の腰のあたりに手背をあてポンポンと叩いてみました。するとBちゃんは両手を挙げふわーっと私の背中に覆いかぶさるように身体を寄せてきたのです。そうです。私はBちゃんをおんぶすることができたのです。私からの強制でも指示でもなく、Bちゃんが自ら私に負ぶさってくれたのです。感激でした。私は、Bちゃんの世界の中で大人に負ぶわれるという体験が心地よく残っていたのではないかとその時思いました。お父さんか、お母さんか、きっとBちゃんにとってかけがえのない誰かに負ぶわれた体験はBちゃんが人とのつながりを持つためのきっかけだったのかもしれないと思いました。この発見は病棟スタッフが行うBちゃんの世話にも生かされました。

現代医学では自閉症の根本的な原因を治療する事は不可能とされています。TEACCH（Treatment and Education of Autistic and related Communication-handicapped Children：自閉症とその関連する領域にあるコミュニケーション障害の子どもたちの治療と教育プログラム）」や「SST（Social Skilla Training：社会的スキル訓練）」などの各種プログラムなどによって、健常児に近い社会生活が送れるようになることを目的に日々の訓練に取り組むことが必要で社会に適応していくための欠かせない学習プログラムです。これらのプログラムは自閉症の子どもたち本人の社会生活における困難を軽減するものですが、対人関係の接点をつかむことも難しい重症な子どもたちはプログラムに参加することもままなりません。おんぶをきっかけに「トイレに行こう」と言っておんぶの体勢をとるとBちゃんは保育士の背中にのってトイレに行くようになりました。食事を好き嫌いがなく食べられた時は、おんぶして病院内を散歩してもらえました。こうして少しずつですが、Bちゃんとのスキンシップが増えていったことは、私にとっても病棟スタッフにとってもとてもうれしいことでした。

現在、病院という環境の中で成長発達を遂げていく障害を持った子どもたちは少なくありません。障害の程度が重症であるほど、成長発達の過程は遅々として見えますが、障害の有無にかかわらずまたその程度にかかわらず子どもはどんな時も成長発達を遂げています。子どもの障害が重症と診断されると、家族も私達も希望を失いかけます。しかし、必ずどこかに触れ合える接点があるものと信じて子どもたちに向き合うことがとても大切なのだということをBちゃんは私に教えてくれました。わからないこと、無理そうなこと、でもそれを明らかにしていくこと、それが私達の役割なのだと思います。諦めてしまったらもうプロではありません。このことを日々自分に言い聞かせながら子どもたちと関わっています。

Bちゃんは重度の障害がありましたが、愛情深い両親のもとで養育されてきた子どもです。家庭での生活が困難になり入院を余儀なくされました。先に紹介したAくんは養育者の誤った躾の考え方のもと不適切な養育により心身に障害を負ってしまい入院を余儀なくされました。本来子どもは自分の家庭で家族とともに生活し成長発達を遂げるべきです。子どもはどんな場合も、健康な時も病気の時も、家庭にいても施設にいても、障害がなくてもあっても、常に成長発達しています。それが子どもの最大の特徴です。子どもは「今のまま」で止まってはいないのです。そう考えると子どものこの先がとても楽しみではありませんか。「いたずら」にみえる行動がしばらくすると「発見」のための行動になるかもしれないのです。何も記憶されていないように見えその子の中にもしっかりと根付いた親の愛情表現を再現する時が来るのです。毎日育児に追われて少々余裕を失っている方、子どもは変化していきます。今のままではないのです。だからこそ、今の子育てを大いに謳歌してほしいと思います。そして多くの子どもの成長発達に関わる私たちも、子ども達の最善の利益のために役割を果たすことに誇りを持ちたいと思います。

第三章　植物を介したコミュニケーション

一、はじめに

生徒は、さまざまな場面で「意味分からん」という。意味が分からないことはよほど居心地の悪いこととみえる。かくいう私も何故に教師という職業についたのか、と問われると、本当かどうか定かではないけれど記憶の底をさらい出して以下のように答えるだろう。小学校一年生のときにスキップのできない同級生に動きを細かく教えて感謝され、人の役に立てた心地よさに大袈裟にいえば喜んだのである、と。

幼児期の私は、よく一人遊びをした。春はデージーの花弁を種に見立てて土に撒いては発芽を空想し、初夏には裏庭に入り込んで大木の平戸つつじの花の色に圧倒され、夏は桃の木に群がる蟻やカブトムシに見入った。児童期に入ると周囲の田畑や山々の探検に興じた。湧き水が光に輝くのを虹色の泉と称して覗きに行き、シイ林の土手のくぼみに蛇が絡まりうごめく姿に仰天した。花があり木があり自然があった。豊かで幸せであった。里山に囲まれて育つはずが、街に転居した。何もない校庭、冷たい遊具があるだけでちっぽけな遊びしか思い浮かばなかった。次第に本ばかりを読む子どもになった。程無く成績は向上したが、幼少期のあのキラキラした楽しさは現在に至っても巡り会えないでいる。

このような体験の数々が今のわたしにつながっているのだろう。といっても、何がつながっていたのか、どの体験がどのような意味をもっていたのか、それを解きほぐす機会はなく、ただ自分の中で何くれと意味づけしていたに過ぎない。それでも、教育現場でたくさんの生徒たちをみていると、体験の共通性や体験から得られる共通の認識のようなものがありそうだと思えてきた。自然に触れる体験とは何なのか、自然と関わると何を獲得するのか、調べたくなった。

二、園児の園庭での自然体験

幼児保育研究会『最新保育資料集二〇〇五』によると、全国平均で五歳児の幼稚園の就園率は五十九パーセント、保育所で六カ月以上の在籍率が三七パーセントであり、合計九六パーセントと就学前の幼児のほとんどは幼稚園か保育所に通園している。このような幼児が多くの時間を過ごす園での自然体験を観察する必要性を感じた。二〇〇八年、佐賀県にある人口数万人ほどの商業都市の認可保育所に出向き、一年ほど週に一回、午前十時から十一時までの一時間、園児を観察することにした。なお、本稿で扱う自然体験とは自然物と触れ合うすべての体験とする。

二月十三日はわたしの初登園の日だ。保育所は、国道から狭い袋小路に入った奥に建てられ、園舎や門の周囲は落ち着いた雰囲気であった。植物の栽培には園長、主任（園芸担当）、担任の計四名であたっていた。

図１　園児が植物を栽培している花壇の様子（2012 年３月撮影）

栽培は園舎の前にある園庭の奥の三面で行われ、園児が活動する畑は隣家の壁に面した西側の長方形の場所であった（図1）。

三月二十七日、春の園庭にはパンジーや水仙など十三種類の花が植えられ、園児はすでにジャガイモとタマネギを植えていた。栽培するのは年長児（五歳～六歳）で、年中児（四歳～五歳）以下は年長児の作業を遊びながら見ることになる。天気がよく年中児も年少児（三歳～四歳）も草取りを一緒に行っていた。そのなかに熱心に草取りをする園児たちがいる。

四月四日、サクラの花が満開の頃、女児は園内のサクラの木から花弁を集め、男児はスズメノカタビラをコテで掘り出してままごと遊びに使っていた。タマネギ畑の雑草はきれいに刈り取られており、聞けば園児たちが気づいたときに取りにきていたという。

四月十四日、サクラの花は散り始め、藤棚の花の香りがし始めていた。ジャガイモの芽は出揃い、タマネギの葉の丈は伸びていた。藤棚の下では園児がカラスノエンドウなどを茶碗に入れてままごと遊びをしていた。側で茶碗をもっていた三歳未満児は、草を入れずに砂だけで遊んでいた。年長児や年中児が雑草をむしったり木をゆすったりしている。虫がでてくるので面白がっているのだ。アリをみつけると我先に大声で報告し、聞きつけた園児たちは一斉に群がる。ハサミムシが土の中にもぐっていく様子を見つめて歓声をあげる。「ダンゴムシ！」の掛け声はさらに威力を発揮する。おねだりする子、怖いと逃げる子、怖いもの見たさに戻る子とにぎやかである。畑に目をやると、もくもくと雑草を抜く園児もいる。「今日はずっと草むしりしていたね、えらかったねえ」と担任から褒められながら、抜いた雑草をゴミ箱に捨てに行った。

四月二十一日、藤棚の花が咲いている。年長の女児三人がマットを上げてミミズを見ては、「わーっ」と、叫んで逃げる繰り返しで遊びあう。その女児の一人が男児を呼んでくる。二人の女児は逃げて、男児はミミズの端をつまんで放り出す。男児二人が走り寄って参加する。二人の男児も逃げるが、放り出した男児がミミズを蹴ると男児二人もそのまねをする。放り出した男児が走り去ると、男児二人も走り去った。女児たちは、相変わらず声を上げて逃げたり戻ったり。そのうち、男児らも戻ってきて総勢七人で肩を寄せ合いミミズを囲んでつついて踏みつけていた。そこに先生もやってきて「わー、ミミズ」と、逃げる。一人の男児がミミズを投げる。先ほどから加わっていた年少の男児がミミズを何度も踏みつける。年長の女児が「だめだよー、かわいそうじゃん」という。近くを歩いていた保育士に女児が、「先生、ミミズ殺した」と訴えるが、先生はその言葉を聞き逃す。この発言を機に皆が散りぢりに走り去った。

一方、畑では年長の女児が年下の男児とやってきて草むしりを始める。しばらくしてもう一人の女児が加わり見ている。別の女児が、「ハチがいるってば」と、叫びながらやってくる。草むしりをしていた女児たちはびっくりして立ち上がるが、そのうちまた草をむしり始める。見ていた女児がスノーフレークの花をちぎると、草むしりをしていた女児が、「とったらいかんよ」と注意する。注意された女児が、「だって、枯れとったもん」と、言い返す。

四月二十八日、藤棚の花にハチが数匹飛んでくる。モンシロチョウやアゲハチョウも飛び、砂場のチェリーセージが咲き始める。相変わらずダンゴムシを探すのに熱心な男児たちは、鉢の下を覗いたりマットを上げたりして既にダンゴムシの居所を熟知している。砂場の園児たちは、カタバミの花を採ってくるくると回しながらざるに集めていた。藤棚の側の滑り台で年長児が、「ハチだよー」、「逃げろー」と、叫ぶ。「ハチがおる」、「ここにおったら大丈夫」、「ハチがおるよ」と、言い合う。二歳児がハチを指差して、「おっきい～」という。

五月十二日、藤の花は枯れ、砂場のサクラの木に葉が茂りちょうどよい日陰ができていた。数日後にはタマネギを収穫する予定という。ジャガイモ畑の周辺に年長、年中、年少児で小山の人だかりができていた。年少の男児がダンゴムシを見つける。年長の女児が、「ダンゴムシはさわると丸くなるんだよ」と言うと、保育士は、「びっくりして丸くなるのかな」と答える。一人の男児が、「イチゴがなっているよ」と叫び、保育士が、「どこ」、男児、「ここ」、保育士、「ホンとだ」と、会話をする。年長の女児が反対側を指差して、「あそこがネギよ。ネギ。ネギ。ネギ」と繰り返す。砂場では年少から年長まで二十数人がうまく領域を分けあいながらままごと遊びをする。砂場に道を掘り、そこに木の葉を敷いていく。草を枡に集める女児、コップに砂を盛ってそこに枯れ木を何本も刺して一人遊びをする男児もいる。「お片づけしてください」という保育士の声に一人遊びをしていた男児が、「は～い」と言って立ち上がり片付け始める。ヒメキンギョソウを根から抜いて遊んでいた年少の女児二人が、保育士から、「あら、お花がかわいそうですよ」と言われて、「わー」と声をあげて逃げていく。

五月二十一日、日差しは強くなっている。園児は皆帽子を被っていた。今日は、夏野菜の苗を植える日である。クラス担任が全員出て園児を整列させる。園長も出てきて静かに見ていた。説明はもっぱら一人の担任が行った。苗を植えたい者を募って、担任が適当に当てていく。畝に四人ずつ入って植物の名前を言い合う。保育士が、「これ、なあに」、園児「……」、保育士、「あれえ、さっき習ったよね」、園児、「きゅうり！」保育士は、「そう、キュウリ。キュウリだね」と繰り返す。保育士が植え方の注意をする。草取りをよくしていた女児は、ひざをかかえて目を凝らして真剣なまなざしで聞く。園児たちは、めいめいの思いを込めてそっと苗に土を掛けたり、茎の半分くらい埋まるほどに土を掛けたり、苗の周りを土で固めたりして植えていた。「土は固めてはだめ、やわらかくしておいて」、「そう、やさしくね。ほら、もうお花が咲いているよ」と保育士の声。さらに、「今日の当番さん、水遣りお願いします」と促す。あらかじめ用意していたジョウロで水掛けをする保育士の様子を見て当番が水を掛け始める。保育士が、「これから天気のいい日は、当番が朝と夕方に水をやらんばね、わかった」と畳み掛けて促す。「さあ、もういいです、遊んでいいです」と言うと、多くの園児はクモの子を散らすように走って行ってしまった。

保育士たちが会話を交わしながらパセリの準備をしていると、ジョウロに水をいっぱいくんできた男児たちが、「かけていい？」と尋ねる。保育士は、「まだ植えていないけれど、いいよ」と許し、男児はポット苗に水をたっぷり掛ける。保育士が「パセリを植えたら」と誘うと、男児は植え始める。もう一人の男児もポットを取る。男児がポットから苗をうまく出せないでいると、もうひとりの男児がこうすると言わんばかりにポットを奪い取り自分がすべて植えてしまいそうになる。保育士が平等になるように配慮する。女児二人もやってきて植える様子をじっとみている。保育士が女児に声をかけて苗をまっすぐにする作業を手伝わせた。男児は植えた後もまた水をまく。こぼれた水が土を湿らせたのが面白くなり、どろあそびや土掘りを始める。保育士が、「もうそれ以上掘ったら他のお友達がつまずいてころんでしまうよ」と注意する。男児たちはすぐに止めなかったが、近くにあった種の形に似た物体を拾って、「種だ、植えよう」と言い、掘った穴に入れ、「見つからないようにな」と、言い合って掘った穴をきれいに土で被せて走り去った。

保育士が別の場所にポット苗を移そうとトレーにポットを入れ始めると、男児たちがまたやってきた。筆者が、「ポットを入れるのを手伝って」というと、それにはかまわずポットのいっぱい入ったトレーを持って行きたがる。そこで、「気をつけて持っていってね」というと、もちろんとばかりに勢いよく持ち上げた。しかし、数歩でよたよたしてきた。それを見ていた別の男児が掛け寄って、「危ないよ、いっしょに持とう」と誘う。男児は一人で持って行きたがったが、やはり危ないと思ったのか、二度目に促されたときには提案を受け入れて二人で持って行った。そのころ、もう一人の男児は、ジョウロで水を掛けるのが楽しくなったらしく花壇のジャガイモに水掛けをしていた。

このような園庭での園児たちの活動は、夏から秋、そして冬と自然の移り変わりとともに遊ぶ対象や遊び方が変化しながらほぼ毎日午前中に繰り広げられた。この活動の時間がどの保育所にもあるとは限らない。

園の方針により午前中の外遊びがほとんど見られないところや、園庭に草木や作物が植えられていなかったり芝生がなかったりするために生物が少ない園もある。調査した園では、園長が外遊びを重視していたために活動が確保されていた。

今回の観察で、栽培活動が終わったと知るや一目散に遊具に走る園児が多いなか、草むしりや水やり、作業後の保育士との関わりを楽しむ園児もいた。このような園児たちは、園庭での動物や植物、保育士との関わりを記憶に留めているだろうか。

三、大学生の幼稚園や保育所の頃の記憶と現在の暮らし方

二〇〇七年に福岡県内の三つの大学に在籍する二五八名（一・二年生が全体の九七パーセント、男性二九パーセント、女性七一パーセント、六七パーセントは幼稚園、三二パーセントは保育所に通園）に、幼児期や児童期（以後幼少期という）の自然体験と幼稚園や保育所の頃の思い出、そして現在の暮らし方についてアンケート調査を行った。幼稚園や保育所で覚えていることは、「友達との遊び」が最も高く八七パーセント、「園庭での遊び」八一パーセント、「先生とのふれあい」七六パーセント、「お昼の給食（お弁当）」六五パーセント、「園にいた動物」三四パーセント、「育てた植物」三二パーセントの順であった。

幼少期に行った自然体験を主成分分析により二つに分類して、両グループをさらに体験が多いグループと少ないグループに分けて幼稚園や保育所の思い出に違いがみられるかどうか、χ^2検定で調べた。「基地

つくり」や「昆虫採り」「昆虫の飼育」「魚釣り」を体験したグループでは、「先生とのふれあい」「友達との遊び」「園庭での遊び」「育てた植物」で差がみられ、「植物の栽培」や「野山の散策」「魚の飼育」「哺乳類の飼育」「鳥の飼育」を体験したグループでは、「育てた植物」や「園庭での遊び」「園にいた動物」「先生とのふれあい」で差がみられた。前者は男子学生が明らかに多く、後者は女子学生が明らかに多いという性差がみられたが、それぞれ体験の少ないグループより前者は先生とのふれあい、後者は植物の栽培をよく覚えていた。以上のことは、幼稚園や保育所での日々の生活と幼少期の自然体験が関連していることを示している。

つぎに、大学生の現在の暮らしを平均値の高い順に挙げると、「趣味に熱中する」「サークルや部活動・自治会活動をする」「運動をする」「山や森林など自然の豊かなところに行く」「毎日のように本を読んだり勉強をしたりする」「ボランティアをする」「植物を育てる」の順であった。「基地つくり」や「昆虫採り」「昆虫の飼育」「魚釣り」を体験したグループでは、体験が多い方が「運動をする」を多く回答し、「植物の栽培」や「野山の散策」「魚の飼育」「哺乳類の飼育」「鳥の飼育」を体験したグループでは、体験が多い方が「山や森林など自然の豊かなところに行く」「植物を育てる」を多く回答した。幼少期に飼育・栽培を多く体験した人は、大学生の現在も自然の豊かな場所に行ったり栽培をしたりする傾向がみられた。

保育所の園児たちの言動の観察から、園児のなかに植物の栽培に強く関わっていた者がいた。そして、幼少期に飼育・栽培をしたと回答した大学生は、そうでない大学生と比べて幼稚園や保育所の頃の植物の栽培をよく覚えており、現在も自然の多いところに行ったり栽培を体験したりすることが多かった。幼少期の自然体験と大学生の現在の暮らし方とは関連があるといえよう。

好意をもっている事柄の体験頻度は多くなると考えられるが、体験が多いと好きになるのだろうか、それとも好きだから体験が多くなるのだろうか。幼児期から高校生の植物と関わる遊びや栽培の体験と、植物の好き嫌いとの関係を調べた。

四、高校生の植物の栽培体験と植物の好き嫌い

二〇〇五年二月に、福岡県および佐賀県の高等学校五校の七七一名（男子四四パーセント、女子五五パーセント、不明一パーセント）から回答を得て、植物の好き嫌い（大好き・好き・少し好き・どちらでもない・少し嫌い・嫌い・大嫌いの七段階）、幼少期に植物を育てた経験、および野山遊びの経験、幼児期から高校までの花、野菜、イネのいずれかを育てた経験、育てた時期について調査した。

幼少期の野山遊びの経験者と植物を育てた経験者について植物の好みの平均値を比較した。組み合わせは以下の通りである。①野山遊びも植物も育てた、②野山遊びだけ経験、③植物を育てた経験だけ、④野山遊びも植物の栽培も経験していない。この四つのグループの平均値は、①がもっとも高く、他の三つのグループとの間に有意な差がみられた。また、④と他の三つのグループの間にも有意な差がみられた。幼少期に野山遊びも植物も育てた人に植物好きな人が多かったのは、植物に接した経験が園芸を継続する要因とする報告（松尾、一九九四）と同様に、植物との関わりがより多かったからであるといえよう。ちなみに近年、子

どもの外遊びが劇的に縮小し、祖父母、親世代の子どもの遊び場に比べると、場所、内容ともに縮小、単純化しているといわれる（田中、二〇〇〇）。今回の調査で野山遊びをしたと回答した人は全体の二〇パーセントであった。

園芸活動は、幼稚園ばかりでなく保育所でも奨励されており（厚生省、一九九九）、一九九八年の社福・日本保育協会の実態調査では、植物の栽培を特色としている保育所の割合は、全国平均で五三パーセントである。松尾（二〇〇三）の調査によると、小学校の七〇〜八〇パーセントは栽培を実施しており、実施校の八〇パーセント以上は花や野菜、五〇パーセント以上はイネを栽培していた。つまり、高校生の多くは植物の栽培を体験していると考えられる。実際、本調査でも花の栽培経験者は全体の八九パーセントでもっとも多く、このうち八一パーセントの人は学校で経験していた。野菜も同様に七三パーセントでそのうちの七九パーセント、イネは五五パーセントでそのうちの八〇パーセントが学校で経験していた。

栽培について、幼児期から高校までのどの期間に育てたかによって三つのグループ（①幼児期〜小学校の間、②小学校だけ、③小学校〜高校の間）、さらに花、野菜、イネのどれを育てたかによって三つのグループ（ア）花だけ、（イ）花と野菜、（ウ）花と野菜とイネに分けるとともに、それぞれを組み合わせて九つのグループとし、そのほかに花、野菜、イネをまったく育てた経験のないグループを加え、計十のグループの植物の好みの平均値を求めた。

その結果、小学校〜高校に花を育てたグループ（③・ア）と小学校〜高校に花と野菜を育てたグループ（③・イ）の平均値は最も高かった（図２）。つぎは幼児期〜小学校に花と野菜とイネを育てたグループ

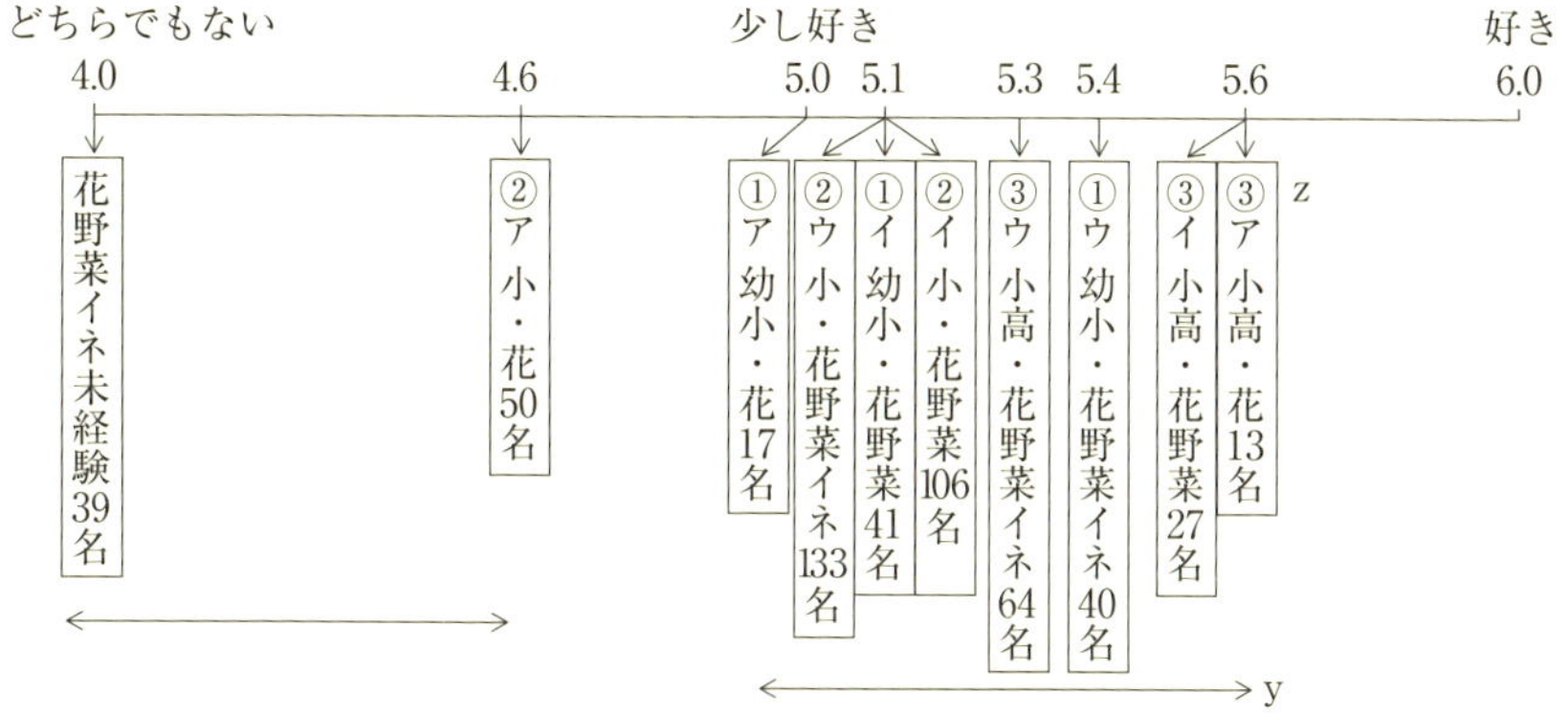

z　①：幼児期〜小学校　②：小学校　③：小学校〜高校
ア：花だけ　イ：花と野菜　ウ：花と野菜とイネ
y　⟷ この間に有意な差はない

図２　植物を育てた期間と育てた植物の種類と植物の好みとの関係

（①・ウ）、小学校〜高校に花と野菜とイネを育てたグループ（③・ウ）であった。一方、未経験グループと小学校だけに花だけ（②・ア）のグループの値は低かった。

　中学や高校まで栽培を体験していた高校生は植物好きであり、体験時期が中学以前であれば幼児期に体験している方が、また、花だけよりも花や野菜、イネも経験した方が植物好きであった。保育所の観察では、植物の栽培は保育士が主導し園児は真似ながら体験していた。そうするなかで植物に熱心に主体的に関わっていく園児がみられた。これらを考え合わせると、植物の栽培では、好きだから関わるというよりも関わる中で好きになっていったとみる方がよいであろう。

　このように、植物に関わる体験の繰り返しが植物好きを生んでいたとみられる。

　保育所の観察では、草取りの主体的な行動や友達のおぼつかない足取りを気遣い助けようとする園児の姿も見受けられた。この人との関わり、つまり社会性が自然体験の後で高まったという報告（中村・川村、二〇〇四）がある。では、成長後の大学生の社会性にも幼少期の自然体験は何かしら影響しているだろうか。自然体験から調査までに時間が空いていること、社会性の基盤とされる思いやりなどの共感は、親の影響が指摘されていることなど、幼少期の自然体験と社会性との関係は直接の関係とは考えにくい。それを踏まえて幾何かの関係がみられるかどうかを調査することにした。

五、大学生の幼少期の自然体験と社会性との関係

二〇〇八年五月に、九州圏内の総合大学三校と単科大学二校の学生にアンケート調査を行い、学生四二八名（平均年齢十九歳、回収率九九パーセント）から回答を得た。調査内容は、①幼少期の自然体験、②Davisの日本語版多次元共感測定尺度、③社会的スキルの測定尺度Kiss-18、④親の態度である。すべて四件法で行い、②～④では因子分析を行った。①の自然体験では「よくした」「ときどきした」を体験の多いグループ、「あまりしていない」「まったくしていない」を体験の少ないグループとした。

①の結果で、「よくした」「ときどきした」と回答された割合が最も高かったのは、「ままごと・かくれんぼ」（八十パーセント）、次は「ごっこ遊び・基地つくり」（六七パーセント）、「野山遊び」（五二パーセント）であった。男子学生に高かった体験は、「昆虫採集」「魚釣り・沢遊び」「昆虫の飼育」で、女子学生の方が高かった体験は、「ままごと・かくれんぼ」「野山遊び」「草花遊び」「植物の栽培」「ハイキング・登山」「クラフト」であった。これは、調査項目は若干異なるが、二〇〇七年に行った三つの大学における幼少期

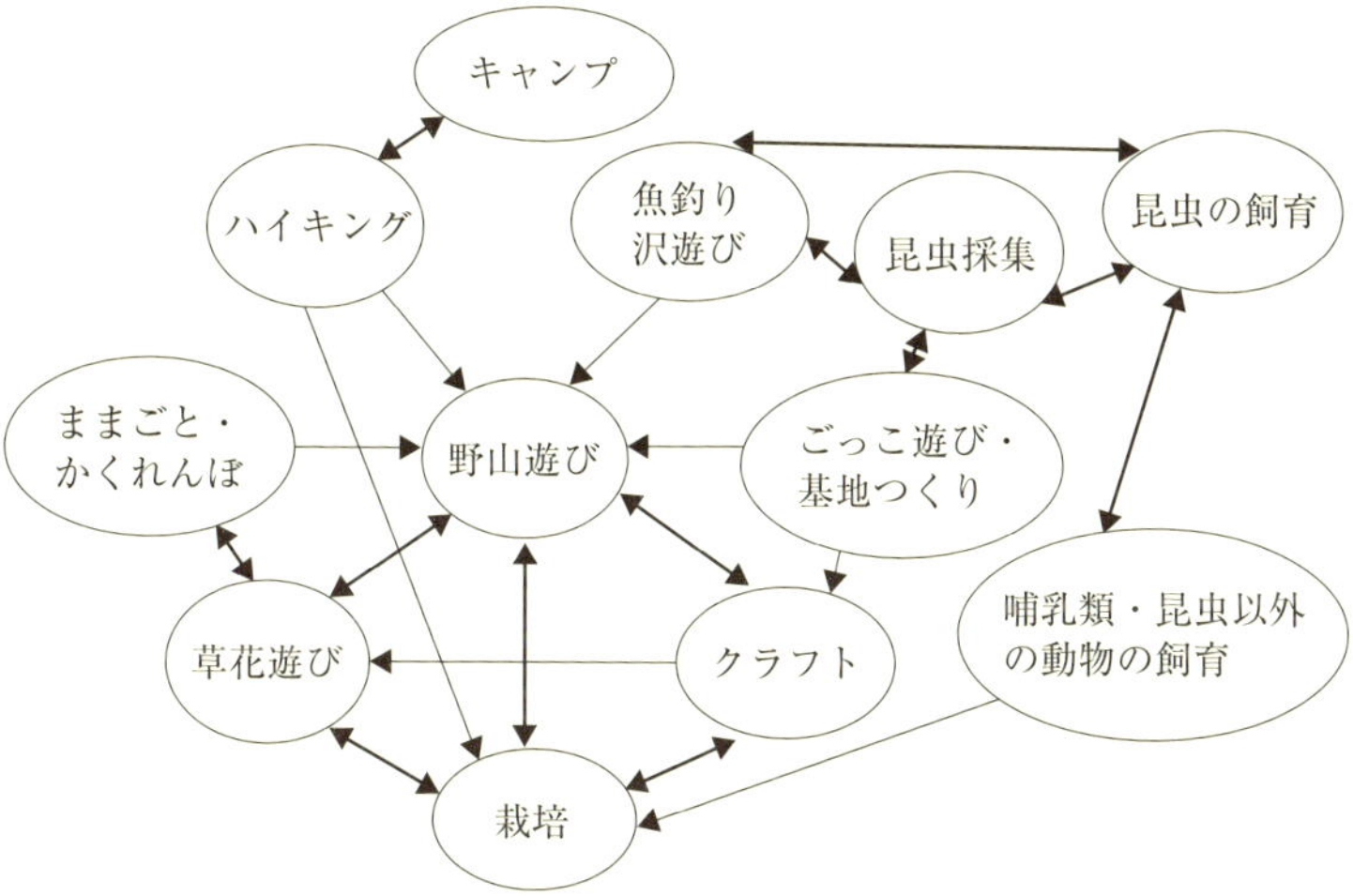

図３　幼少期の自然体験の関連性
（相関係数で上位３項目もしくは0.3以上）

の自然体験の結果とほぼ同様であった。

自然体験の項目間の相関から、自然体験は、大きく二つのグループ、すなわち男子学生に多かった魚や昆虫にかかわる体験と女子学生に多かった栽培や草花にかかわる体験に分けられた。それらを「ごっこ遊び・基地つくり」と「野山遊び」が両方の体験をつなぐ構造となった（図3）。さらに体験を共にした相手を検討したところ、男子学生に多い体験を女子学生は兄弟姉妹と体験することが多く、男子学生は「草花遊び」のような女子学生に多い体験を家の大人や兄弟姉妹と体験することが多いことがわかった。多くの自然体験がこのように関連しながら体験されていた。

自然体験と親の態度の関係をみるために、④親の態度を因子分析した結果、調査項目は、「受容する態度」「社会教育への参加」「学業への干渉」「礼儀や自立を促すしつけ」の四つのグループに分けられた。自然体験の多いグループは、少ないグループに比べて、親は「受容する態度」で接し、子どもと観察会や美術館などの「社会教育へ参加」することが多く、「礼儀や自立を促すしつけ」を行っていた。親の「学業へ干渉」する態度はグループ間に差はみられなかった。

社会性をみる②共感や③社会的スキルの項目を因子分析した結果、②共感では、Davis が共感を形成する基盤として四つの要素を考え調査項目を作成したとおり、本や映画の主人公に自分を置き換えてしまうといった「想像性」、情動的な共感を示す「共感的配慮」、緊急時に不安を感じる「個人的苦痛」、相手の立場を推し量る認知的な「視点取得」の四つ、③社会的スキルでは、問題を処理する「問題解決」、会話に関する「コミュニケーションスキル」、トラブルを回避する「トラブル処理」の三つに分けられた。

自然体験と社会性との関係では、「草花遊び」「ごっこ遊び・基地つくり」「キャンプ」「ハイキング・登山」のように体験の多いグループの方が共感、社会的スキルの両方で平均値が高かった体験もあれば、「ままごと・かくれんぼ」「クラフト」のように共感のみ、「植物の栽培」「野山遊び」「魚釣り・沢遊び」「昆虫採集」のように社会的スキルのみ高かった体験もあった。自然体験により社会性との関係が異なっていた。自然体験の種類によって社会性の高さに違いがみられた要因についてはさらなる調査が必要である。

次に、親の態度と社会性の関係では、親の「受容する態度」と、「共感的配慮」「視点取得」「コミュニケーションスキル」との間で正の相関、親の「社会教育への参加」の態度と、「視点取得」「問題解決」「トラブル処理」の間で正の相関、親の「礼儀や自立を促すしつけ」の態度と、「共感的配慮」「視点取得」「問題解決」「コミュニケーションスキル」「トラブル処理」の間で正の相関がみられた。

親の「受容する態度」や「社会教育に参加」する態度、「礼儀や自立を促すしつけ」の態度は、幼少期の自然体験の多さと関係していたと同時に、「共感的配慮」や、「視点取得」、社会的スキルなどの社会性の高さとも関連がみられた。このことから、自然体験と社会性との関係にも親の態度が関わっていたことが推察される。ただ、戦前に東京女子高等師範学校に勤務していた倉橋惣三が、ごっこ遊びを想像の表出と捉えていたように、「想像性」は、「ごっこ遊び」や「草花あそび」でのみ関連がみられ親の態度との関連は低かった。

以上から、幼少期の自然体験と大学生の社会性との関係は、詰めるところはまだあるとはいえ関連はみられるといえよう。数年にわたり幼少期に体験した自然体験の意味について調査を続けてきたのであるが、振り返れば目の前の生徒たちの実態を把握する指標にもなりそうである。

六、勤務校の実態と生徒とのコミュニケーション

二〇〇九年の春、赴任校である女子校の正門前に立っていた。門から見渡す限りこれといった花は栽培されておらず、校舎に沿って植えられたカイヅカイブキの並木がただ正面玄関の方向を示していた。殺風景であったが、それは、これから如何にやりがいがあるかの裏返しでもあった。その当時活動を休止していた園芸部を引き継いで、部活動紹介で生徒会に部活動をアピールしてもらった。さっそく初々しい気持ちの四人の一年生が入部してきた。

畑は、もう何年も使用されておらず、土質は硬く粘土質で水たまりができる。雑草に覆われ鍬を入れるだ

けでも一苦労で、耕してもすぐに栽培できる状況ではなかった。そこで、体育館の横に新たに小さな畑を作ることにしたが、一鍬入れるたびに廃材が出て難儀をした。生徒たちの「やる」という言葉に押されて何とか夏野菜を植え、梅雨の頃には昔からの畑にもサツマイモを植えた。

部員たちと共に正門から昇降口に至る花壇でカイヅカイブキの枯葉を鋤き込む作業を行っていると、大きな声で喋る女子生徒たちがどやどやと昇降口から出てきた。「何ばしよっと」と、嘲笑の一瞥を投げかけて通り過ぎていく。部員たちは、園芸部はマイナーな部活だと言い、目立つことを嫌がった。それでも作業は喜んで行い、作業中のおしゃべりは弾んでいた。

文化祭では押し花のタペストリーを制作し、コンクールにも応募した（図４）。運良く入選したことで生徒は少し自信をもったようだ。たどたどしかった花の押し方も最終学年ともなると手際よく、自分たちだ

図４　押し花のタペストリー（左は2006年に最優秀賞を受賞した前任校作品）

けで制作した。校内には押し花の作品が少しずつ増えていった。そのうち、部活動中に関心を示して話しかけてきたり、卒業式や入学式のために快く植え込みを手伝ってくれたりする生徒も出てきた。年を追って土の状態も良くなり植物が元気に育つようになった。

高校では、入学試験による選抜があるため学校間に学力格差が生じる。勤務校では在校生の約七割が進学するが、四年制大学への進学は多くはない。赴任当時の生徒のなかには髪を染め制服を着崩して登校してくる生徒もおり、生徒指導に忙しく落ち着いて勉学に励む環境とはいえなかった。植物の栽培に関心を示す生徒は少なく、これまでの大学生の調査結果との差に違和感をもった。

在校生と近隣の高校の生徒を対象に大学生に行った幼少期の自然体験と社会性および親の態度に関するアンケート調査を実施した。生徒は、大学生と比べて魚釣りや川遊び、昆虫採集、草花遊び、ごっこ遊びや基地つくり、ハイキング、キャンプ、植物の栽培を体験した人が少なく、また、親が「受容する態度」で接し、「社会教育に参加」した人は少なかった。相手の立場を推し量ったり社会的スキルをうまく使ったりするのは苦手という結果であった。生徒の課題がみえてきた。

現在、生徒たちはチューリップの水耕栽培に挑戦している（図5）。高校生になってと言われそうだが、案外体験していない。球根の根はどれだ、芽はどれだと聞いてくる。エアコンの効いた教室で育てたことでカビとの戦いになった。アルコール消毒と水洗いを頻繁に行って組織の破壊を最小限に食い止めている生徒もいる。愛らしい花をイメージして喜んで始めたが、成長が遅い、枯れてきたと思わぬアクシデントに辟易している生徒もいる。カビで球根を腐らせてしまった生徒は自責の念もあるようだ。担任や担任以外の教師

図５　チューリップの水耕栽培（教室で）

との会話も生まれ、掃除の時間は一刻観察の時間になるという。たった一個の球根であるが、生徒の心に小さな石を投げ入れたようだ。

　四年制大学への進学率が高いもう一方の高校のアンケート調査の結果は大学生の場合と同様であった。本校における調査結果は、中堅校といわれる高校に共通にみられる実態かもしれない。わたしたち教師は、校則違反に対して剛とした態度で臨み学校を平和で安定した環境にすること、検定などの資格取得や進路確保に力を注ぎ生徒に自信を持たせることを念頭においた。一学年、一学年と皮を剥ぐように学校は落ち着き勉学に励む環境は整っていった。

　これまでの調査から、本校のような学校では受容的な態度や筋の通った態度で接しながら、生徒にやる気を出させ、あいさつ、掃除、身だしなみ、時間を守るといった基本的な社会的スキルを伸ばし、学校行事や公共の場での発表、ボランティアなどを通して相手がいること、つまり利他主義の考え方を身に付けさせていくことが大切であろう。

　言うは易しのことわざのとおり、教育はあくまでも人と人とのコミュニケーションである。教師の投げるボールを生徒が受け止め、生徒が投げるボールを教師が受け止めて初めてより高みに上がることができる。一人でもそのような関係を作ろうと日々努力の毎日であるが、側からみればまだまだと映るだろう。自己の体験の意味を見つけるために始めた調査であったが、森の中に足を一歩踏み入れるどころか森の淵でうろうろしているばかりである。それでも、調査による新たな発見に出会えることは楽しい。生徒の笑顔をみるのも楽しい。この思いがある間は、教師はやめられないのである。

《参考文献》

松尾英輔．一九九四．大学農学部学生にみる園芸経験と園芸の好み―農芸教育を考えるために―．日本農業教育学会誌 二五（一）：三一‐四二．

松尾英輔．二〇〇三．農・園芸活動が果たす農芸教育的役割に関する研究．一七‐一八．九州大学大学院農学研究院．福岡．

中村織江・川村協平．二〇〇四．問題解決力を測定する尺度の作成―自然体験において育まれる問題解決力を測る―．野外教育研究 八（二）：七七‐八六．

田中治彦．二〇〇〇．地域社会の子どもの遊び場．一八五‐一八九．松澤員子（編）．講座人間と環境．第七巻．子どもの成長と環境―遊びから学ぶ．昭和堂．京都．

山本俊光．幼少期の自然体験と大学生の社会性との関係―親の養育態度をふまえて―．環境教育（印刷中）．

第四章　うつ病患者とのコミュニケーション

一、こころの病

（一）看護学科の教育目的と方法

現在、筆者は看護系大学で精神看護学を教授する一教員です。看護専門学校を皮切りに看護教育に約三十数年間携わってきました。教育の現場で働く以前の筆者は精神科病院の看護師でしたから、筆者は一貫して人のこころに関する仕事を行ってきたことになります。

大学における看護学科教育の目的の一つは、人の生命に直接的に関わる専門職者を育成するということから、看護師としての専門的知識・技術の教育と併せ人間性を育てることにも力を注いでおります。また、看護学科は人間のライフサイクルに合わせた専門的な学問領域が互いに連携を保ちつつ、人の生命を維持増進させるために協同する学問として明確に構築されていることが特徴であるといえます。基礎看護学・母性看護学・小児看護学・成人看護学・老年看護学・精神看護学・地域看護学それぞれの講座担当者が、情報交換

①コラージュ（糊で貼るという意味）するテーマをグループでディスカッションする。
（お互いの思いをぶつけ合う）

②テーマにあった写真や絵を雑誌やチラシから切り取り模造紙に貼る。
（ワイワイガヤガヤ）

③完成した作品をグループごとに発表する。
（それぞれの思いが詰まった作品）

コラージュ療法の体験

コミュニケーション技術を修得し人間関係づくりに生かすため、コラージュ療法の体験をする。

を行いつつ学生へ知識と技術を習得させつつ援助者としての自己形成を促していくことを勧めております。その方法に重要な役割を果たすコミュニケーションは、教員間の情報交換、学生と教員の関係をつなぐ重要な媒体となっており、特に教員間でお互いの研究の成果を公表し合いクリティカル的視点で評価を求めあう関係づくりが強化されていることは、学生への教育がさらに発展していくことに繋がっていると考えます。現在勤務する大学では学生への指導にアドバイザリー制が導入されております。趣旨は、大学生活や学習方法について学生の個別に合わせたきめ細かい支援を継続していこうとするものです。この方法は学生と教員の距離を縮めるとともに互いが理解し合うなかで、学生自身が自分の持つ課題に真摯に向き合い行動することに役立っていると考えます。こうした大学の学生への関わりは、学生に人と人との関係づくりの基礎づくりを体験させていると考えられます。また、筆者のこれまでの研究の成果から人の持つ「感性」は人との関係づくりに重要な役割を果たしていると考え、基礎ゼミナールに「看護学生の感性を刺激し育てる」ことを実践してきました。自然散策や絵本の読み聞かせ等の方法で、学生が育ってきた生活環境と現在の自分との繋がりを基礎ゼミナールのグループメンバーと共有し合う中で、コミュニケーション能力が育つと考えます。自然散策の体験では、ゆったりとした時間の中で普段目にすることのない虫食い葉を発見したり、通りすがりの人のブラウスの袖が風に揺れる様に感動し、それを表現する体験を繰り返しています。

看護学科の教育方法の二つ目の特徴として「講義で教授したことは必ず臨床現場で体験をする」ということがあります。看護師としての知識・技術・人間性は理解することに留まらず方法として実践できるかということの確認と習得が求められています。援助する人に合った個別的な援助を行うためには、人間関係づくりの知識と技術とそれを実践する人間としての自己の表現としてコミュニケーションを媒介とした発信ができるかどうかがキーワードとして挙げられます。つまり学内で体験した教員や同僚との関係づくりの方法が技術として使われることを考慮し、学内での教員は日常的に学生とのコミュニケーションを密に行っているのです。

（一）精神科病院のいま

今回、筆者は「うつ病患者とのコミュニケーション」というテーマで分筆をさせていただくことになりました。まず、こころの病気と回復について理解していただくために、精神科医療現場の紹介、さらにうつ状態・うつ病とその回復のための支援についてご紹介をさせていただきます。

現在の精神科の医療現場は病棟環境や病院の雰囲気などいわゆるアメニティに関することはかなり向上していると感じることが多くあります。こころが破綻した人たち（以下当事者と表現します）の人権を擁護しながら人道的に接することに徹している表れだと思います。精神科病院の代名詞であった病院の鉄格子が全くなくなり、畳の病室が主流であった病室にベッドが搬入され、一度入院すると精神科病院で一生を終えなければならないというイメージは全く払拭されました。特に、個々に応じた人との関係づくりの方法について は、医療スタッフが様々な場面を想定してコミュニケーションづくりの相手を務めモデルを示していることは、医療現場として当事者の立場に立った医療を実践していることを実証するものです。また、精神科の治療は向精神薬による薬物療法を主流に、生活援助と社会復帰支援としてリハビリテーションが、作業療法やレクリエーションというかたちで計画され行われております。

こうした治療は当事者への関わりによって効果が発揮され、治療と併せ当事者との関係づくりを行うことが必然だといえます。看護職は他の医療スタッフよりかなりの時間を当事者と関わるため、看護を提供する人としてよりむしろ一人の人間として個別に対応を見つけ関わることが求められています。何故ならほとんどの人のこころの破綻の原因は、人との人間関係によるものであるからです。個々人が行う関係づくりは千差万別ですから、そこから発生すると考えられる問題もまた、人それぞれであるといえます。当事者全員に共通していることは、常に不安を抱えており人と関わることに怯えているということです。また、こころが破綻した原因が人との関係にありながら、必ず安心の場所を人に求めているということです。

当事者の治療は、関わる人すべてを加害者として受け止めていることがあり、当事者と医師やその他の医療従事者との人間関係が成立しないと、服薬一つにしても受け入れてもらうことができません。当然ながら医療現場では治療を行うにあたり、治療方法についての十分な説明を行い治療の是非を当事者自身に決定してもらう方法をとらなければなりません。しかし、治療の初期にはインフォームドコンセントの必要性が力説されている現在においても、当事者が納得しないまま強制的に治療を行わなければならない場面が多々あります。発症当初は自分を周囲から隔離し自分の世界に引きこもり、これまで難なく行ってきた日常生活に無関心となり、食事や入浴や排泄を自力でできなくなり、その結果生命が脅かされるようになっていきます。自分の内面に起こる出来事と対面するだけになる当事者の状況を理解しつつ、強制的ではあるが治療を行うという解決の方法を取らざるを得なくなります。

当事者は私たちに理解できないような出来事を多く体験しています。寡黙なまま苦悩が続いています。看護師や医師や他の医療従事者はこうした当事者を刺激することなく、人も場所も安全で安心する場であることを体験によって理解できるよう、こころを合わせ関わって行きます。最も関わりの多い看護師が特に注意していることは、スタッフによって関わり方が異なることのないよう言動を統一することです。また治療初期は数多くの看護師が関わるのではなく、一人の看護師がこころの破綻の状況に応じて個別的な関わりを行います。毎日同じ時間に病室を訪ね、ベッドのそばに腰かけ同じ時間を共に過ごしつつ、声かけに反応したらさりげなく病棟の出来事など語り病室の外の出来事へ関心を誘います。看護師の関わりに関心を向けてくれるようになったら、病室から病棟ホールへ散歩などに誘い意志の表出ができるよう働きかけます。こうした関わりは良好な人間関係を成立させる第一歩になるのですが、そこでは、状況に応じてコミュニケーションを使い分けていきます。関わりの初期は言葉によるコミュニケーションは不必要です。やさしく微笑み、軽くタッチングするなどの非言語的コミュニケーションを多く用います。次第に看護師を信頼できる一人の人として認識ができると、治療の場が安心できる居心地のいい場であることを理解できるようになります。こころが病んでいる人は、こうした継続的人間関係の構築により回復していきます。医療関係者に、人間関係づくりというリハビリテーションをされることにより自分らしさを取り戻していくのです。精神科医療現場で行われるリハビリテーションは、まさに人間関係づくりの過程であると言えます。こころが病むことの原因が人との関係によるといわれていることから考えると、こころの病からの回復は人によって行われなければならないと考えます。

しかし、こうした当事者への関わり方に医療現場の人たちも苦慮することが数多くあり、自分を追い込むこともあります。ルーチン化された方法で行われることが多い一般化のリハビリテーションに比べ、精神科の医療現場においては実施の方法と内容を、関わった人がその場で創造し実践しなければならない場面に多く遭遇するからです。当事者も人であるなら関わる人も人であることで、人間の精神に関わる援助を担うということは非常に難しいことであるといえます。

（三）資料からみたこころの病

世界保健機構（ＷＨＯ）は世界には四億五千万人のこころを病む人がいると報告しています。その多くが孤独や援助の欠如や社会的な偏見や社会的排斥に直面し、死に至ることも多いとのべています。

一方、厚生労働省による二〇〇八年度の「障害者白書」によると、こころを病んだために医療機関を訪れる人の数が二〇〇二年から二〇〇五年までの三年間で約四十四万人増加し、全体で約二〇七万人にのぼったと報告されています。おもに増加しているのは気分障害に分類されている「うつ病」「ストレス関連障害」の受療者であり、うつ病は全通院者の約三十三パーセントでストレス関連障害は約二十二パーセントを占めていると報告されています。

また、「勤労者の六割がうつ病の予備軍」という指摘がありますが、経済・産業構造の著しい職場環境では、労働者の受けるこころの負担は大きくストレスは拡大される傾向にあると報告されています。企業の競争に勝ち抜くための手段、リストラや職場の改革などが働く人々の仕事や生活に関する不安や悩みを顕著にし、こころの健康問題としてうつ病を発症することになるといわれています。いろいろな医療統計をみても、うつ病が我が国の高度成長とともにうなぎ上りに増えていることは明らかで、うつ病は働く人々のメンタルヘルスの問題として注目され、我が国においては国民病としてよく知られる病になっているのではないでしょうか。

一般的に、「憂うつだ」「イライラする」「寝つきが悪い」「眠りが浅い」「好きなものを食べても美味しく感じない」「けだるい」「頭が痛い」「息苦しい」など体調がすぐれず内科を受診し、更年期障害や胃腸が悪いと診断を受けた人の多くがうつ病であったという例は少なくありません。うつ病の症状が〝ありふれたもの〟で多くの人はチョットした体の不調から出ているシグナル程度にしか受け止めることができないからです。いくつもの病院を受診しても症状は回復せず、また相手へ配慮の行きとどいた対応ができるため周囲も気がつかないまま当事者は苦痛を抱えたまま生活していることが多くあります。

うつ病は「一瞬風邪にかかりこじらせた状態」といわれていることが多く、精神科医である蟻塚亮二は自らのうつ病体験記のなかで「うつ病は心の肺炎だ」といっています。「心身と身体的活力との両面にわたる生命力の低下、いわば車のバッテリー不足で馬力が出ない状態と同じであり、身体的につかれる、考えが湧いてこない、頭が回らない」、また、「理屈なくつらいけど、絶望することはない。適切な治療や生活改善で必ず回復する」とも言っています。

精神障害の診断基準や分類は、世界の各国によって様々です。また、同じ国でも統一されていないのが現状ですが、国際的に精神障害の解明や治療を進めるうえで診断基準や分類を確立する試みが行われています。

現在、最も注目されているのが世界保健機構（ＷＨＯ）の国際疾病分類法ICD（International Classification of Diseases の略）と米国精神医学会が取り組んだ精神障害の診断と統計のための手引きDSM（Diagnostic and Statistical Manual of Mental Disorders の略）です。両者は分類の方法が異なっておりますが、分類にあたり含まれる概念そのものはほとんどが同一です。

ここではＩＣＤが発表しているうつ病の説明を紹介します。

精神症状として、次の九つが挙げられます。①こころがふさぐ、気分（感情）が落ち込む。②普段興味を持っていたものや喜びを感じていたものに気持ちが向かない。③行動したり考えたりすることがおっくうであり少しの努力でもひどく疲れる。④気分の落ち込み、気力の減退。⑤集中力や注意力が低下する。⑥自分に自信がなくなる。⑦自分を責めたり自分に価値がないと思う。⑧将来を悲観的に考える。⑨自傷行為や自殺を考える。一方、身体症状として、次の四つが挙げられます。①良く眠れない。②食欲がなく体重が減る。③性欲の減少。④いらいらや怒りの感情が出現する。特に三典型症状として、①抑うつ気分、②興味と喜びの喪失、③疲労性の三つを挙げ、約二週間続くとうつ病と診断します。

一方、世界的に使われるうつ病の重症度の尺度として「ハミルトンうつ病評価尺度」があります。これは、うつ気分や自殺願望など二十一項目を五段階と三段階で評価し、うつ状態の重症度や回復度を合計得点で評価しようとするものです。しかし、こうした診断の基準や評価法からうつ病を捉えてもその発症のメカニズムはいまだ解明されていません。一九七〇年代後半以後生化学的研究により、脳内の神経伝達物質であるセロトニンやアドレナリンの調節能力が低下することによって発生するのではないかといわれております。またうつ病の発症の原因については、人を取り巻く生活環境や個別的な要因などが挙げられておりま す。生活要因は、家庭生活に伴うもの、家族成員それぞれの職場に関連するもの、家族成員の個別的なストレスに関連するものが含まれます。家族の状況に関連するものは、家族の死別や別れや子どもの旅立ちなどライフイベントといわれるものに属する家族の出来事によって発生するストレスが誘因とされています。職場における原因は職場での配置転換や昇進に伴う人間関係によってストレスが増加し、一方、個人的なストレスとして怪我や事故、法的な違反等があげられますが、うつ病は、「責任感が強い」「几帳面」「面倒見がいい」「手抜きをしない」「何事にも真面目」な性格の人がかかりやすいといわれており、こうした性格とうつ病の関連性についてはさまざまな研究が行われてきました。

特に知られているのが、ドイツの精神科医クレッチマー（Ermst Kretschmer）の研究です。クレッチマーは、体格を肥満型・細長型・闘士型の三つに区分し、自閉的で分析的で理想を唱える細長型の体型の人がうつ状態になりやすいと報告しています。また、性格を六つに分類しており神経質タイプ、粘着質タイプ、顕示質タイプ、偏執質タイプ、分裂質タイプ、循環質タイプの六つに分類しております。社交的で親切でユーモアに富んで人に好かれる「循環気質」の性格がうつ病の発症に影響を与えると報告しています。また、テレンバッハがうつ病に罹りやすい性格として「メランコリー親和型性格」を挙げ「几帳面、勤勉、強い責任感、他人への配慮、秩序へのこだわり」を発表しております。

いずれもこうした個人的な要因として挙げられている性格は、社会に適応し人との協調性に富んだ日常的に有能な性格であると私たちがと評価している人物であるといえます。こうした性格の人は仕事の内容や量、人間関係に不満があったり、不安を抱え仕事をすることが非常に辛く感じた状態におかれても必死に我慢することが多いのです。

本人は辛くて苦しいのにもかかわらず、話しかけると笑顔でこたえるため、周囲の人たちは本人が本当に苦しんでいるとは感じられず、普段と変わらないと判断する「微笑みうつ病」といわれるものもあります。

以上、うつ状態・うつ病についての諸見識を述べてきましたが、自己の心の健康を保つため、また、家族や友人との関わりの中で「オヤッ、いつもと違う」と思った時いかに関わっていけばよいかなど、いくつかを提案したいと思います。

二、うつ病とのつき合い方

(一) うつ状態・うつ病

① 気分が動かない

気分が沈み、気分が沈むことによって気持ちが落ち込みます。気持ちが落ち込むとは、軽い場合「さびしい」「理由もないのに悲しい」「憂うつ」「おっくう」であるという状態です。また重度の場合は無感動の状況「嬉しいとか楽しいとか辛いなどの感情がわかない」「感じられない」状態になります。また、「何かにつけて悲しくなる悲哀感情や自分を責め絶望的になる」こともあります。表情は暗く、表情に乏しくなります。

② 意欲や行動などの抑制

無気力で何もしないでじっとしていることが多い状態です。「何もする気が出ない」「何をするのもおっくうだ」「気力がわかない」と表現します。こうした状態になると、掃除や洗濯、入浴・更衣・食事・排泄などの「日常生活行動ができなくなり終日寝たきり」となります。

③ 思考面で考えが浮かばない

「考えが混乱して先へ進まない」「考えの内容が悲観的・自責的・自己卑下的」になります。

④ 自殺の危険

希望が持てず追いつめられた気持ちになり死を企てることがあります。一般的に自殺は重度の状態の時より発症初期や回復期に多くなります。

⑤ 日内変動

うつの状態は午前中と午後で異なります。午前中は抑うつ気分が強く、午後から夕刻には比較的気分が良くなります。

次にうつ状態になった時の対処を見ていきます。

（二）受診のめやす

うつ状態の症状がいくつか自覚でき苦痛が一週間から二週間程度続くようであれば、総合病院の心療内科や神経科、単科の心療内科や精神科、精神科クリニックを受診しましょう。

そこでは抗うつ薬による薬物療法とカウンセリングが行われます。内面の苦痛を語ることで憂うつな気分が改善されてきます。

（三）日常生活の過ごし方

うつ状態は、一時的に調子が悪いのだということを自分自身が十分理解することが重要で、自分を責めないことが大切です。以下に自分にできる日常での過ごし方について紹介します。

・なるだけ早い時期に心と体を休めることが、後に悪化させないためにも大切な事です。特に、心身の苦痛が激しい時には仕事を休むことも必要です。

・自分を責めず、自己破壊的な行動を取らないようにします。症状の軽快や悪化の繰り返しであっても、一時的な不調であり必ず回復することを理解しましょう。無力感や自責の思いから退職など人生上の大きな決断を実行しようとしますが、延期するか実行を思いとどまった方が懸命です。決して自己破壊的な方法を取らず信頼のおける人や医師に相談しましょう。

・抗うつ薬は、内服後早くても一週間から十日間、遅い場合は三週間から四週間しないと効果が得られないといわれております。数回服用しただけでは、不安やイライラなどの症状は回復することはできません。副作用が現れたら医師に相談し、医師の指示に従いましょう。

（四）家族・友人のサポート

うつ状態にある人の表情や口調から苦痛を理解することはできません。それほど抱える問題は大きく、周囲が当事者の精神的なつらさを理解する必要があります。以下に特に家族や友人ができる支援について紹介します。

・当事者の苦痛を増す結果になるので励ましは控えます。当事者への励ましは「それができない自分」や「元気でいた頃の自分を思い出し」悲観的になったりします。
・当事者の語ることは重大な事ではないこともあったり、何回も同じ内容のこともあるがしっかり耳を傾けることが大切です。当事者は張り詰めた気持ちを語ることで精神的に救われていくことになります。
・当事者の感じている思いに寄り添うことが大切です、例えば、会社の配置換えなど本人が考えているほど深刻な悩みでないにしても、心の負担に理解を示すことが必要です。
・一日中床から起き上がれず横になっている状況では心身の安静と保護が第一です。適時当事者に関心を向け、温かい言葉をかけ不安を軽くしてやることが必要です。必要によっては入院を勧めるなどの配慮が必要となります。
・食事・洗面を含む身体の清潔・排泄・身辺の整理整頓のすべてが不十分になります。

食　　事：食欲の減退により食事が進みません。当事者の好きなものや、食べやすいものを準備し極力食事が摂れるようにする必要があります。

洗面や入浴：洗面や入浴することが億劫になりうつ状態が進むと自力でできなくなります。また、できなくなった自分に悲観的になるので、当事者の自尊心を傷つけないよう十分な配慮が必要です。

排　　泄：一般的に便秘になり尿の出も悪くなります。特に、抗うつ薬を大量に服用している当事者はこの傾向にあるため注意が必要です。

身辺の整理・整頓：当事者は更衣や身辺の整理・整頓ができないので関心を向けます。

自殺の予防：当事者の回復過程において、感情面の回復が生活する上に必要な行動面の回復より遅れます。見かけは元気そうに活動できてもうつ状態は残っていて、自殺に向けた行動がとられやすく自殺を企てることが多いので注意が必要です。

そ　の　他：当事者の活動が停止し床を離れられなくなった場合は、床づれや体のむくみなどの循環障害を起こしやすいため、皮膚の清潔や乾燥状態に気を配り発生の予防に努めます。

■事例　職場でうつ状態になったA氏■

A氏：五〇歳代　女　大学講師

家族構成：夫は五〇歳代前半。当時近県に単身赴任中であり毎週金曜日夜間帰宅し日曜日赴任先に帰宅する生活を数年続けている。子どもは二人。長男は近県にて単身で生活し、次男は高校生で自宅でA氏と同居している。

A氏と同じ委員会に所属して半年経過した頃、筆者は委員会に参加する時のA氏の態度が気になっていた。意見を求められても「はい」とか「いいえ」など反応するだけで、自分の考えを発言することがなくなった。しかし、同僚との付き合いは以前と変わらなかった。ある時、体調を崩したと遅く出勤するようになり、それを皮切りに遅刻や欠勤が目立ってきた。出勤した時、無理をしないように声をかけると「有難う」と反応していた。

A氏が「カウンセリングをしてほしい」と、突然筆者の研究室を訪れた。そこでA氏は「講座の責任が取れない。指示をしてもらい働きたい」「上司に仕事ができないことが言えない」「このままこの職場にいていいのだろうかと考えると不安になって眠れない」「仕事ができない人と同僚たちは思っているだろう」「とてもストレスを感じている」と涙を流しながら語った。

こうした場面においてはアドバイスを与えたり、意見を述べることは、A氏に更なる課題を与えてしまうと考え静かに聴くことに徹しA氏が話したことをただ繰り返すだけにしました。例えば「上司に指示してもらって仕事をしていきたいと考えているのね」「仕事ができないので同僚が噂しているのではないかと不安でストレスになっているのね」などです。A氏は話を聞いてくれる筆者が、話の内容を整理して返してくれることで、自分の中に起こっている事実を繰り返し確認することができ、次の思考への正しい判断ができたと考えます。

A氏の一回目の訪室から数日して、研究室へ数回の無言電話がかかってきました。その日A氏は無断欠勤しており、電話の相手がA氏ではないかと感じられました。午後にかかってきた電話で「相談や心配事を語りたい時はいつでも何時でもいいですよ。待っています」と電話の相手に話しました。電話の相手は終始無言でしたが、それっきり電話はかかってきませんでした。

職場においてはA氏が担っていた仕事を職場の同僚たちが分業していました。A氏の欠勤の理由が明らかにされないため同僚の中には不満を漏らす人もおり、A氏の立場は決してよいものではありませんでした。

無言電話の翌日昼から出勤したとA氏が筆者の研究室を訪ねてきました。「仕事をやめた方がいいのか」「夫に相談したら『これまでの家族の生活はどうなるのか』と言われた」「先に進めない。いっそ死にたい」と涙ながらに語りました。また、上司に現状を話したところ「ゆっくりでいいので、体調を整えながら職場に復帰していけばいい」と言われた事も話しました。

筆者は、自分で問題を解決しようと努力していることを認めつつ、「専門医に相談するといいのではないか」とアドバイスしました。「死にたい」と口に出すA氏の心中を推し量ることができないので、うつ状態が進んでいるのではないか、同僚である筆者が相談を受け話を聞く段階ではないと判断しました。また、睡眠がとれていないことを聞きとりました。

専門医の受診を勧める時「眠れているか」を一応の目安にします。また、「死にたい」と話す相談者の対応には応じられないことを知っておくとよいでしょう。

その後、A氏は職場に一週間の休暇を出し休みました。その後出勤したA氏から、「催眠療法を受け自分の内面をさらけ出すことができた、今後も継続的に受診しようと考えている」と話しました。A氏は、「これまで幼少時の母親と自分の関係について考えることが多かった。母親は、私を不安な気持ちで見ているのではないかと感じていた。母親は私の自宅の鍵を持っており、私の留守の間に家事をやり、庭に季節の花々を植えてくれる。これまでまったく違和感なくやってもらっていたことが、仕事ができない自分に向き合った時、自分を哀れに感じた。そして母親の私に対する詫びなのではないかと考えるようになりとても嫌になった。辞めてくれるよう頼もうと思ったが、母親を傷つけるようで嫌だった」と泣きながら話しました。また、A氏によると姑と同居生活の母親は姑の顔色を窺いながら気を遣って生活をしていた。自分と弟を無視してまでも嫁としての自分の立場をまっとうした人であったそうです。

その後、A氏は自分の中に起こった出来事を対自し認知できたことで、自己と母親の関係を客観的に見ることができ母親をサポーターとして認めることができ始めました。数カ月後には、以前のように責任ある仕事をこなせるようになりました。

うつ状態やうつ病は周りの人の関わり方によって「こころの風邪」と言われる軽いものですむこともあります。その時は辛く・苦しく・絶望的な思いに駆られますが、周囲と当事者の繋がりによって回復が望まれます。私たち人間は、めまぐるしい社会の動きに翻弄されず、人と人との関係がうまくいくコミュニケーション方法を日頃から創っていくことの努力が必要であると思います。

参考文献

蟻塚亮二『うつ病を体験した精神科医の処方箋』大月書房　二〇〇五年　東京
野村総一郎『こころの悩みの精神医学』ＰＨＰ新書　一九九五年　東京
融道男他訳『ＩＣＤ・一〇　精神および行動の障害』医学書院　一九九三年　東京

第五章

演劇を通したコミュニケーション

私は学生時代、演劇サークルに所属し、お芝居をしていました。演劇を始めたことに、特に大きな理由はありませんでした。友達がいるから……というどちらかというと消極的な理由です。しかし、だんだん芝居から離れられなくなりました。いつもとは違う衣装を着て、スポットライトを浴びて舞台に立ったときの高揚感、自分の言葉や行動に場の空気が動く緊張感、お客さんが笑ってくれたり泣いてくれたりするときの感動、そして、そんな本番に向けてメンバー全員で向かっていく疾走感、打ち上げの達成感と一体感……そんな、なにもかもを、本気で愛していました。ここでは演劇を通したコミュニケーションと題しまして、ひとつの芝居を作るうえでの、作り手の間でのコミュニケーションと、お客さんとの間のコミュニケーションについてお話したいと思います。

一、作り手の間でのコミュニケーション

演劇は総合芸術である、とはよく言われる言葉です。なぜかというと、ひとつのお芝居を作るうえで、舞台に立つのは役者ですが、そこには照明、音響、舞台美術、衣装、小道具を担当する人がいて、さらに公演が成立するために舞台監督、制作スタッフの力があり、その上に演出という責任者がいます。全員がひとつの芝居を作るために動いており、誰が欠けても成立しないものです。学生サークルのアマチュア劇団でしたが、何のためにそんなに一生懸命になれるのかというと、演出の作りたい世界を見てみたい、表現したい、実現した世界をたくさんの人に見てもらいたいという気持ちがみんなをまとめ、動かしているのだと思います。演出は、いわばカリスマです。

私は主に役者として舞台に立つことが多かったのですが、自分ではない〝他人〟を演じる際、必要なのは集中力でした。本番直前はまずテンションをあげ、そして集中し、余計なことは考えない。頭で考えず、気持ちの赴くままに動くことを意識しました。ですが、役者は役に入り込めばよい、というものではありません。タイミング（きっかけ）、立ち位置、小道具や衣装の取り扱いまで、様々なことに気を回していなくてはいけません。意識を二つに分け、ひとつは役に集中し、もうひとつは自分の身体を上のほうから見て、役者の役割を遂行しているイメージです。大学四年生の卒業公演のラストシーン、最後の台詞がありました。気持ちはピークに達しています。しかし、私には最後の使命がありました。照明さんに、「スポットライトをかなり絞るから、絶対あたりに行け」という指令を受けていたのです。立ち位置は入念に決められ、こっ

そり舞台上に印もつけてあります。いくら感情が高ぶっているといっても、何が何でもその位置に行かなければ照明はあたりません。あたらなければ、どんなにいい表情をしていても、お客さんには見えません。それは私にかかっているのです。このように本番中も、役者とスタッフさんの無言のコミュニケーションがあるのです。この無言のコミュニケーションは、役者の間にも存在しています。適度なアドリブは許されますが、共演者を困らせてはいけない、というのは鉄則です。スポーツと同じで、絶妙のパスは、練習の上に成立する信頼関係があって初めて成功するのです。そのパスを通す瞬間を作り出すために日々稽古をしているのです。

毎日の稽古はいつも適度な緊張感があり、それでいて居心地がよく、自分が自分であることをすべて許されているような気がしていました。誰かの一言、自分の一動が空気を変えるように、皆で何かを生み出すために、いつも新しい何か、面白い何かを求めていました。しかし、いつも笑ってばかりいたわけではありません。思うようにいかなくて、泣きながら冬の寒空の下、真夜中まで稽古をしたこともあります。後輩を泣かせたこと、理不尽なことを言って困らせたこともあります。その後輩は、私が帰ったあと、一晩中稽古をつけてもらっていたそうです。次の日見違えるようになっていたその後輩の成長に、感動したことをよく覚えています。後輩ができると、どうしたらその子からよい演技が引き出せるか、同期でよく相談しました。ほめて伸ばすか、たたいて伸ばすか、そのタイミングはいつなのか……今思うと、私たちもそうやって先輩方に育ててもらったのでしょう。現在私は、通信制高校のサポート校で教員の仕事をしています。当たり前のことですが、生徒たちはひとりひとり、本当に違います。素直な子も、ひねくれている子も、やんちゃな子もほとんどしゃべらない子もいます。どうしたら生徒の魅力を最大限に引き出せるか戦いの日々ですが、これには後輩にいい演技をしてほしいと試行錯誤していた、この経験が役に立っていると思います。

ひとつの公演を通して、まったく仲の良くなかった同期の一人と、友情が芽生えたお話をしたいと思います。大学一年生最後の公演、私たち一年生は、コロスという黒子の役割をもらいました。ある場面では舞台転換係、ある場面では群集、またある場面では個性を持ったキャラクターとして舞台に登場しました。その中で大変だったのは、コロス全員で動きをあわせて動かなくてはいけない場面です。このコロス、五人で担当していたのですが、体調が悪かったり、怪我をして思うように動けなかったりと、壊滅状態でした。しかし、演出さんにはメインの演出に専念してもらいたい……助演出の先輩に見てもらったりもしていましたが、自分たちにできることはないのか？　健全な私ともう一人は、稽古時間以外にも考え、動きを精査し、コロスとしてのパフォーマンスを作り上げました。実はこの時までお互いよそよそしい関係でした。お互い、何考えてるのかわからない……ちょっと怖いし……と思っていました。しかし、同じ思いをもって頭を悩ませて、時にはこっそり毒づいて、そういう時間を共有して、私たちはよき仲間、よきライバルになりました。私の学生生活を振り返るとき、彼女の存在は欠かせないものになっています。

このように、公演を通してコミュニケーションをはかり、気持ちを通わせることができるのが芝居の醍醐味ですが、多くの人の強い思いが交錯する中、残念ながら気持ちがすれ違ってしまったこともありました。私たちが大学四年生の時、初めての東京公演。たくさんの人が関わり、大々的に行う予定でした。役者もたくさん、普段より多く十人以上出ていたと思います。群像劇のようなものだったのですが、それだけ役者がいるとどうしても話の中心の役とそれ以外の役が出てきてしまいます。そして演出さんはもちろん一人。となると、中心の役者の稽古に時間をとられてしまいます。演出さんは、私たち四年生を信頼して、稽古はほとんどつけませんでした。はじめはうまくいっていましたが、私たち四年生を信頼の証だとわかっていましたから……しかし、稽古が進むにつれて、私たちは煮詰まってきました。もっと話を聞いてほしい……でも今さらそんなこといえない……と、もんもんとしていました。後で聞いたところ、演出さんもその倦怠期のような雰囲気に気がついていたそうです。でも言わなくてもわかってくれているだろう……そんな気持ちでいたのですが、どんどん溝を感じ、いろいろなことを相談もできなくなってしまったそうです。こうして私たちの溝は広がり……残念ながら、初の東京公演は満足のいくものを作ることはできませんでした。お互い、甘えてなんとなく言いたいことを言葉にせず、できてしまった溝でした。「言わなくても伝わっているだろう」という判断は、とても深くて広い溝を作ります。あるとき、ふっと気付くと、もうどこから話したらいいのかわからないくらい遠くに来てしまっていることがあります。反省ということをほとんどしなかった私たちですが、この時ばかりは振り返り、二度とこんなに悲しい思いをしないよう話し合いました。卒業公演では、この経験を活かして、同期で必ず言いたいことは言うこと、そして、稽古の終わりにご飯を一緒に食べに行くことを決めました。このとき、コミュニケーション不足を解消するために、食事の場は最適だということを実感しました。これは演劇に限らず、今でも実生活で使えそうです。

最後に『場を引き継ぐ』という言葉を実感したお話をしたいと思います。テレビドラマや映画によく出ている俳優さんのインタビューを雑誌で読んだことがあります。「僕は、自分の出ているシーンしか台本は読まない。だって、実際の生活では、自分がいないところで何が起きているかなんてわからないでしょ」という内容でした。私は彼の演技が結構好きだったので、なるほど！と思いました。が、舞台役者である私には、この方法論は使えないんじゃないかな……とも思いました。なぜなら、そもそも演劇は、完全なリアルを追求するものではないからです。同じ舞台上に、入れ替わり立ち代わり人が登場し、話が進んでいきます。シーンとシーンをつなぐのは映像では編集さんの担当ですが、芝居では照明、音響、そして役者が力を合わせて行わなくてはなりません。ここで大切なのは『場を引き継ぐ』という意識だと思っています。前のシーンから次のシーンへ、リレーのバトンが託されるのです。駅伝の『タスキをつなぐ』というのと同じ種類のコミュニケーションが成立しています。引き継がれるのは、さっき自分が出ていたシーンではなく、直前に出ていた共演者が作り上げた空気なのです。私がこれを最も体感したのは、私たちの卒業公演の稽古中でした。私は主役なのにスランプの真っ只中で、しかも見せ場のシーンでは、どうしてもうまく感情を乗せることができず、毎日毎日真夜中まで稽古をしていました。頭でわかっているのに心が全くついていかない状況でした。本番一週間前、最後の通し稽古が迫ってきました。どうしよう……と不安な気持ちもいっぱいでしたが、私は四年生、後輩たちのダメ出しもしてやらなくてはいけません。ということで、自分が出ていないシーンも気合いを入れて観ていました。ストーリーはどんどん進んでいきます。もうすぐ、まだ全然固まっていない私のシーン……というところで、あれ、と思いました。後輩の男の子の演技に心を揺さぶられたのです。その子は一年生、お世辞にもうまいとは言えないけど、とても素直な演技をする子でした。本番直前、急成長しているなとは思っていたのですが、その時の爆発力に、私は心を揺さぶられ、一瞬涙が出そ

卒業公演の舞台・全体

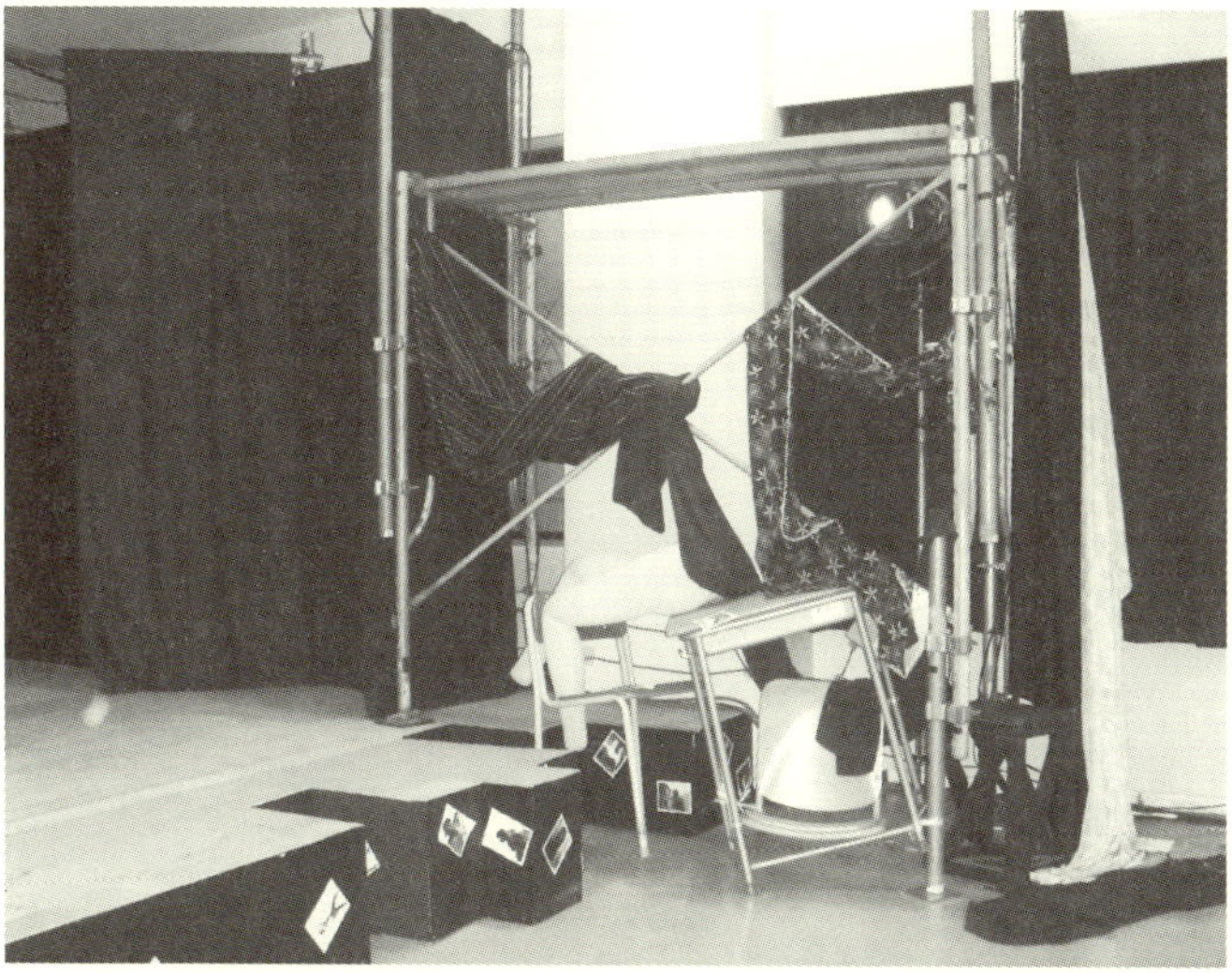

舞台上手

舞台装飾

舞台から見た客席

うになりました。私の役とその後輩の役は、劇中三言程度しか言葉を交わさない関係性でした。そのシーンも、私の役とは直接関係のないところで繰り広げられていました。しかし、私は、舞台の袖でそんな彼の姿を見、自然とその気持ちにシンクロしていきました。そして次が問題のシーン……私は、気持ちを落ち着けないまま舞台に飛び出しました。頭で思い描いていた感情の流れは投げ捨てて、今感じている感情のまま、夢中で動きました……。それがよかったのか、悪かったのか、私にはわかりませんでしたが、終わった後のダメだし（反省会）で演出さんが言ってくれた言葉を聞いてほっとしました。「どうなることかと思ったけど、主役の演技が完成しました」。よかった！　私一人では本当にできなかったことでした。場を引き継ぐ、芝居の醍醐味に気付いた瞬間です。一人で作り上げるよりも、何倍もの充実感。そして関係者の皆に感謝と愛情を強く感じた公演、そしてこれが私の青春の幕切れでした。

二、お客さんとの間でのコミュニケーション

私は高校生の時も演劇部に入っていました。高校演劇というのはひとつのジャンルにもなっていると感じます。まず、運動部と同じように大会がある、第三者に評価されるわけです。もちろん順位がつく以上好評価をもらいたいわけで、一応進学校に通っていた高校生の私たちは、評価のポイントは、高校生らしさ、わかりやすさだと分析し、わかりやすさとテーマ性を重視していたと思います。そのおかげもあり、高校二年生、引退前の最後の大会では二位に入賞することができました。一位を逃し、県大会に出場できなかったこ

とはもちろん悔しかったのですが、満足していました。しかし今思い返せば、残念ながらこのころの私は、お客さんとのコミュニケーションを取れていなかった気がします。自分が楽しいのが一番、気分よくいたいと。こんな高校生だった私は、観るお芝居もわかりやすいストーリーとテーマのある作品が好きでした。ストレートな言葉や音響に感動し、全力で舞台を走り回る役者さんに憧れました。会場全体が、同じところで笑い、おそらく同じところで涙する一体感のようなものも好きでした。

お客さんとコミュニケーションを取れていないことの怖さを思い知ったのは、大学の劇団サークルで私が初めて主役をやった時です。お話の舞台はちょっとアクロバティックな雰囲気の公園でした。パネル板で作った壁に落書きをしたり、ボロ布をいろんなところに巻きつけてデコレーションしたり、舞台の真ん中に本物の砂場を作ったりしていました。その一環で、舞台と客席の境界線に、工事現場によくある黄色と黒のトラロープを張り、『立ち入り禁止』にしてしまったのです。これが、本当に失敗でした。本番中、言葉ではうまく説明できないのですが、なんだかお客さんとの距離が遠いな……と感じていました。お客さんの心がつかめない……気のせいかな、とも思ったのですが、お芝居という生のもの、気のせいということは存在しません。関係者皆そう感じていたらしく、アンケートの感想もいまいち……そこで思い立った理由が、例のトラロープです。私たち日本人の潜在意識には、『入るな、危険』のイメージが、忠実に刷り込まれていることを実感しました。生のお芝居をやる醍醐味は、お客さんとのコミュニケーションです。些細な一言にどういう反応をしてくれるか。舞台上の相手役だけではなく、お客さんの反応が次の動きを引き出してくれるのです。それなのに、お客さんを舞台から立ち入り禁止にするなんて、うまく行くわけがありません。お客さんとのやり取りがない芝居など、そもそも成立しないのです。一回目の公演で気付けてよかった……しかし、初日の公演を観に来てくれたお客さんには本当に申し訳ないことをしてしまいました。私たちにとっては三回公演の一回目、最初に失敗しても最後の公演で大成功を収めれば楽しく打ち上げができます。しかしお客さんが観るのはその一回のみ。一回一回を、全力で取り組むこと、目の前の一人に対して持っている力を惜しみなく全て出しきること、そうしないと後悔することになる……この時感じた気持ちは、今も私の行動基準となっています。

芝居には、当然タイトルがついています。このタイトル・題名は当然脚本家（私たちの劇団では、大抵演出家が脚本も担当していました）がつけるのですが、そこにはたくさんの想いがつまっています。シンプルでわかりやすい意味がこめられているものもあります。その中で印象に残っているものが、『KILL ONLY YOU』というタイトルです。これは、一つ上の先輩が、自分たちの卒業公演のために書いた脚本でした。私はこの公演に役者として参加していたのですが、どうしてもこのタイトルの意味がわからない……ということで、直接本人に聞いてみました。意味は『狙い撃ち』とのことです。お客さんはたくさんいます。たくさん来てくれればくれるほど嬉しいし、ありがたい。でも、たくさんのお客さん、一人ひとりに対して『あなただけを、狙い撃ち』という気持ちを飛ばしてほしい、という意味がこめられているそうです。お客さんは、英語で言うとpeople、つまり、大勢を一くくりにしているところがあったのかなあと思います。そうじゃないよ、一人ひとりの心をつかめ、というメッセージを演出さんから受け取ることのできた、素敵なタイトルです。

学生サークルといっても、私が所属していた劇団には不思議な本気感がありました。もちろんプロのクオリティには遠く及ばないし、自分にも、『プロ』にはなれない、ということはわかっていました。しかし、なんというか、本当に魂をこめてひとつの舞台、世界観を作りこんでいました。芝居は最高の遊びだと。また、このころ演出をしていた後輩の言葉で印象深いものがあります。「プロは一定のクオリティを維持しなくてはいけない。数カ月のロングラン公演で、初日に見た人より楽日に見た人のほうがおもしろい、ということのないように。でも、自分たちアマチュアの劇団はそうじゃない。千秋楽に向かって、自分のテンションのあがるままに演じてもいいんじゃないか」。本番が始まれば、舞台は演出の手を離れます。演者、スタッフ、そしてお客さんの作り出すものです。その一瞬一瞬の場の雰囲気が毎回同じであるわけがない、一定の演技を提供しなくてもよい、ということは、自分たちアマチュア劇団に許容された特権だと。私たちはプロにはなれない。一定の満足感は与えられないかもしれない。でも、その代わり、お客さんにも「想像力をわけて」もらって、一緒にひとつの芝居を完成させることができるのではないかと思っていました。

私たちサークルのオリジナルTシャツのロゴ、わが劇団の座右の銘として引き継がれていた言葉があります。『人生は芝居だ。』というものです。いろいろな意味がこめられているのだと思います。最近、私はまた新たな意味を汲み取りつつあります。これまでお話してきたとおり、芝居の中には様々な人との膨大なコミュニケーションが詰まっています。芝居は一人では絶対にできません。一人芝居のように、一見一人のように見えても、そこにはたくさんの人の想いや努力や祈りや尽力が詰まっています。芝居が成功するためには、お互いの信頼関係が一番大切です。……これは、私たちの生活＝人生にもいえることではないかと思います。私は学生時代、いわゆる青春のほとんどをお芝居のことを考えて過ごして来ました。サークルとともに演劇を引退したとき、芝居をしていない人は毎日何をして生きているのだろう？　そんな生活が自分にできるのか？　と思い悩んだこともありました。しかし今、私はおそらく、あのときと同じことを考え、実行して生きています。つまり、自分の気持ちを相手に伝えるためにはどんな方法が一番わかりやすいか、相手の気持ちはどこに隠されていて、どうすればそれを引き出せるのか、人の心を動かすにはどうしたらよいのか……そして、良好なコミュニケーションを成立させるためには、日頃の信頼関係の構築を最優先に考えて行動すること。まさに、人生は芝居です。

先日、仕事の関係で、生徒たちのミュージカルショーを観る機会がありました。力いっぱい舞台の上で生きていました。きらめいて見えました。学生だった頃の自分を重ね、やっと気付いたことは、私にとって芝居とは、舞台とは『祈り』そのものだったということです。この気持ちを誰かに届けたいという祈り、今の自分が力いっぱい生きているという実感への感謝の祈り、この時間がずっと続けばいいのにという願望のような祈り……祈りは人間にとって、最も強い原動力だと聞いたことがあります。現代のＩＴ社会では、コンピューターを介してコミュニケーションが成立し、一度のアクションが、瞬時に何十万人にも伝わります。しかし、ここに、私が演劇、生の舞台にこだわり続けた理由、映画でなくて芝居をやりたかった理由があるような気がします。伝える方法は、言葉だけではないと思うから。その場の視線、微妙な間、場を共有している者同士にしかわからないものが必ず存在すると信じています。

学生時代を懸けた演劇の経験は、現在の仕事にもつながっています。劇団の仲間が同僚に、お客さんが生

ありがとうございました

徒たちに変わりましたが、信頼関係の築き方、今この瞬間・一期一会の大切さ、そして人とのコミュニケーションの楽しさ、そういった演劇の経験から学んだものを土台に、さらに多くの人の心を動かすため、相手に向き合っていきたいと思います。

第六章

作曲家と聴き手とのコミュニケーションについて

作曲家にとって、聴き手の反応は重要であり、聴き手から意見や感想をいただくことは重要な「コミュニケーション」であると思う。筆者はこれまで「現代音楽」を中心に置きつつも、クラシックからポピュラーに至るまで様々なジャンルにわたって作曲活動を行ってきたが、これまでの活動を振り返ると、改めて聴き手の反応や感想から様々なことを学び、育てられてきたことを実感する。筆者はこれから今日の自身の作曲活動へ至った経緯や創作スタイルのルーツを振り返り、それによって根付いた作曲への姿勢を示し、そしてその姿勢により生み出した作品を介して行われる聴き手や演奏者との「コミュニケーション」からどのような影響を受け、自身の創作に対しどのような思考を巡らせてきたかを述べていきたいと思う。

一、「コモン・プラクティス（common practice）」と現代音楽について

筆者は創作の際、自作が発表される演奏会の場の雰囲気と、その場において聴き手がなにを期待しているかを可能な限り予測し、それに応えようと努力している。しかしその努力には限界があり、度々創意とは

うらはらな反応が待っていたりする。しかしそのような予測不可能な反応がかえって新しいものの見方に気付くきっかけになることも多く、その意味で聴き手とのコミュニケーションは非常に勉強になり、刺激になる。

たとえ予測不可能でも聴き手に理解を求めるための歩み寄りはやめるわけにはいかない。現在筆者は主にこの「歩み寄る」姿勢をとることが個人的にもっとも困難なジャンルと思える「現代音楽」というジャンルを拠点に活動しており、そこでは聴き手との複雑なコミュニケーションが展開されている。これから「現代音楽」というジャンルについての解説を行うが、その前に「現代音楽」について考える上で切り離せない要素であろう「コモン・プラクティス」という概念について述べたいと思う。

今日、日本ではクラシックは一般的に親しまれている。クラシックの他にもポップス、ロック、ジャズといった西洋のジャンルもクラシックと同等あるいはそれ以上に演奏されたり、鑑賞されたりしている。クラシックに関わらず、様々な西洋の音楽が日本だけでなく世界中に色濃く浸透しているが、一般的に親しまれている西洋音楽には、ジャンルを超えて一つの共通点があるように思える。それはいずれも「コモン・プラクティス」の音楽作法に沿った音楽であるということである。

「コモン・プラクティス」とは西洋音学史上、調性に基づく作曲法を作曲家たちが共有していた一八〜一九世紀、すなわち後期バロック、古典派、ロマン派の時代の音楽をさす。「コモン・プラクティス」の音楽作法は現在世界的に「共通言語」として強く根付いており、それはあらゆる方面から窺える。たとえば、現在もなお演奏されているクラシック音楽の大半は、バッハ、モーツァルト、ベートーヴェン、ワーグナーといったこれらの時代の範囲内で活躍していた作曲家の楽曲である。また、ポピュラー等ほとんどのジャンルは調性に基づいた作曲法が基本であり、言い換えれば「コモン・プラクティス」から受け継いだ技法によって成り立っているといえる。さらには、音楽教育にいたっても「コモン・プラクティス」期の音楽を知り、それを理解することを必須とする教育方針が根強く存続している。

このように「コモン・プラクティス」が音楽における「共通言語」として一般的に慣れ親しまれていることに対し、それとは対極的な立ち位置で活動を展開しているジャンルが「現代音楽」というジャンルである。

現代音楽とは、西洋音楽史におけるロマン派以降に、それまでの「コモン・プラクティス」の音楽作法を疑い、そこから脱却した新しい音楽のスタイルを追究するべく誕生したジャンルであり、西洋音楽史の流れに直結した形で今日まで続いているジャンルである。

そのような理念により現代音楽は「コモン・プラクティス」から逸脱した音楽を創ることが主流となり、「コモン・プラクティス」に慣れ親しんでいる一般的な鑑賞者には理解し難い音楽を扱う分野に映る。その難解さ故か現代音楽の需要は決して多くはなく、今日まで一般的に聴かれることが少ないジャンルとして、半ば「専門的分野」として存続しているという現状にあるといえる。

このような現代音楽というジャンルで主に筆者は創作活動を行っているが、その創作スタイルは現代音楽に通底しているスタイルとは多少異なる。自身の作曲スタイルは「コモン・プラクティス」を疑い、壊すのではなく、それを「大事」にした上で独自の新しさを追究しようというものである（このようなスタイ

作曲風景

ルをとる現代音楽作曲家は今日少数派かもしれない)。何故このようなスタイルをとるのかというと「コモン・プラクティス」を壊したいと欲求するきっかけが今までの音楽的経験の中にあまり与えられなかったばかりか、逆に幼少からの音楽体験を経て「コモン・プラクティス」の音楽作法が疑い得ない強固な普遍性を持つものであると率直に感じているからである。では何故「コモン・プラクティス」に留まる姿勢を最も取り難いとされる現代音楽のジャンルで作曲をしているのか。これは筆者が過去に経験したある重要な「コミュニケーション」がきっかけになっていると思う。次に、自身の幼少時代からの音楽的経験を辿りどのようにして「コモン・プラクティス」に共鳴するに至ったか、またどのようなコミュニケーションを経て現在の微妙ともいえるスタンスに至ったのかを述べていきたい。

二、幼少時代からの音楽的体験について～「コモン・プラクティス」への共鳴

筆者が幼少の頃、はじめに衝撃を受けた作品はモーツァルトが作曲したオペラ「ドン＝ジョバンニ」であった。二〇世紀最大の指揮者の一人であるフルトヴェングラーの指揮による公演を録画したビデオのクライマックスの場面を、小学校低学年の頃は毎朝見てから学校に通っていた。「ドン＝ジョバンニ」のあらすじは大人でも解読し難い、難解で深遠なテーマを孕んでいるものであるが、当時は内容などは全く意識せずに、ただ序盤で死んだはずの騎士長が石像となって現れるクライマックスの途方もない恐怖感に酔いしれ、その恐怖を演出する不気味なメロディーラインと和音進行に惹かれた。

また、同じ時期にガーシュイン作曲「ラプソディー・イン・ブルー」にも影響を受けた。ガーシュインは二〇世紀前半に活躍していたアメリカの作曲家であり、クラシックにジャズの技法を取り入れた作曲家の中で代表的な存在である。後にジャズが当時では斬新なスタイルであったことを知るが、現体験として小さい頃の私にはそれが「ジャズ」であるという括りはなく、ただ純粋に自由で心地よい響きと躍動感に浸った。

幼少時代の音楽体験において共通していることは、「説明抜きに音楽を享受し感動した」ということであり、このような体験が「コモン・プラクティス」信仰への最初の洗礼であったと今では思う。

小学校高学年になるにつれ、徐々に分析的に音楽を聴くことを覚え始めたが、この頃からクラシックのみではなく他のジャンルにも影響を受け、特にゲーム音楽とポップスのジャンルに足を踏み入れ始めた。

一九八〇年代に隆盛していた家庭用ゲーム機「ファミリーコンピューター」のゲームの中で、数々の素

晴らしい音楽に出会った。「ファイナルファンタジー」の壮大な調べ、「スーパーマリオブラザーズ」の躍動感、「ゼビウス」の幾何学的な響き……、そして中でも最も筆者に衝撃を与えたのは、ロールプレイングゲームの古典である「ドラゴンクエスト」シリーズの音楽であった。筆者は一九七九年生まれでファミコンブームに完全に浸かった少年時代を過ごし、「ドラゴンクエスト」を毎日数時間プレイする習慣の中で視力を悪化させたが、その代償に足る多大なる感動を享受し、中でもその音楽に多くのことを学んだ。ゲームの中では、町や村、草原や洞窟といった様々な背景を彩る、いわゆるバックミュージックが流れてくるが、そこで筆者は驚嘆した。何故「町の音楽」は町の雰囲気に適合しているのか、何故「洞窟の音楽」は洞窟のように暗い感じが描かれているのか、つくづく不思議であったのである。この「気付き」は、おそらく「コモン・プラクティス」がいかに共通理解を生む絶大な力を持っているかに着目した最初の経験といってもいいかもしれない。

ポップスにおいては、小学校高学年から大学生に至るまでJ－POPの動向をチェックすることを怠らないほどに深く接した。特に好んだアーティストはCHAGE&ASKA、the pillows（ザ・ピロウズ）、PSY・S（サイズ）、Original Love（オリジナル・ラブ）といった面々である。これらのグループによる美しいコード進行を伴った完成度の高い数々の楽曲は、自身の作曲技法における養分として今でも胸の中で息づいている。また、ポップスはクラシックよりも「コミュニケーション」が取り易く、学校などで好きなアーティストについての意見交換をするなどの「音楽について語り合う」時間を多く過ごし、充実した経験を得られたことは大きい。

筆者が作曲を志した当初の動機は、このようなゲーム音楽やポップスの楽曲を自ら作曲してみたいというものだった。初めはピアノを弾きながら作曲のまねごとをしていたが、それが高じて高校生の辺りから本格的に作曲法の勉強を始めることとなった。その勉強の中で「現代音楽」というジャンルと出合い、いままで培ってきた音楽における価値観を根本的に問い直さなければならない情況へと移ることとなった。

三、現代音楽との出合い

幼少時代から中学生時代に至るまで、筆者はクラシック、ジャズ、ポピュラーと様々なジャンルの音楽を経験してきたが、このように自身の音楽体験を振り返ると、幼少の頃から音楽に触れる機会が一般的基準よりも比較的豊富だったと思う。それは筆者の両親がどちらも音大を卒業しており、また父は音楽評論の仕事をしていたことから家には多くのＣＤやレコードが溢れていたことも要因であろう。ただ、そのような多岐にわたるジャンルに触れることができる環境下において、自身なりの濃密な音楽体験を経た結果として筆者が感動した音楽はジャンルを問わずほぼどれもが「コモン・プラクティス」の範囲内の音楽であった。それらは全て西洋音楽の代表的な技法である「調性」を駆使しており、魅力的な旋律と和音進行を持って、見事な形式を構築していることにおいて例外はなかった。音楽を音楽として享受する要素として、旋律や調性は欠かせないものであるという感覚は、筆者のみならず多くの人々が共通しているであろう。筆者の基本的な音楽における価値観もそのような感覚から基づき、またそこから離脱する必然性を自身の中に感じることはほとんどなかった。しかし、作曲のレッスンを受けるようになる高校生の頃から「現代音楽」のジャンルに頻繁に触れるようになり、そのことが自身の「コモン・プラクティス」に基づいた価値観を意識的に再考するきっかけとなった。

筆者の作曲の師は現代音楽作曲家であり、師は私に二〇世紀以降の前衛音楽（現代音楽）を多く紹介して下さった。その音楽の大半は普通に聴いても理解し難いものが多く、また普通の意味で「感動」できるような類のものはほとんどないと思った。それどころか、あえてそのような普通の意味での「感動」を避けている姿勢が曲想の中に垣間見え、何よりもそこに違和感があった。その中でいくつか素直に素晴らしいと思えるものがあったが、それらは旧来の「コモン・プラクティス」的な音楽技法の良さを尊重し、それを駆使した上で、旧来の様式に留まらずに新しい表現を描いているようなニュアンスのものであった。つまり、調性的な響きを持ち、魅力的な旋律があるというような要素が見られる作品は現代音楽のジャンルの中にもやはり存在し、それらはやはり共感できるものが多かったのである。

そのような感想を師に述べたら、意外にも意見が一致していることに驚いた。師の考えは以下のようなものであった。そもそも「コモン・プラクティス」期以降の前衛音楽（現代音楽）の流れは大きくいって「流行」であり、それまでのゆっくりと各時代の社会や聴衆の要求に応えながら歴史のろ過を経た形で進歩を遂げてきた従来の音楽とは重みが違うのであり、現代音楽においてもまずはその重みを受け止める態度を持って新しい表現を追究することが必要である、という考えだった。「前衛」とは本来文字通り「前で守る」という意味であり、従来から培われた「普遍性」を大事に考えながら先端を目指すという態度をいう。ただ従来の慣習を無批判に壊してそれによって偶発的に何か新しいようなものが生まれたように見えても、そのような音楽が一過性のものであったようなことは音楽史の中でもしばしば見られることである。師は、それとは逆に敢えて慣習的な技法を普遍性と捉えそれを活かした上で表現方法を模索することがより広い意味で「新しさ」に繋がるという考えを反映させるべく現代音楽のジャンルの作曲活動を行っていた。私はその姿勢に強い共感を覚え、これまでは「ドラゴンクエスト」のようないわゆる一般的に良いとされる作曲を目指していたが、一見従来の価値観を否定しているように見える現代音楽の世界にも、古来の価値を大事にするという発想が存在することが可能であり、まずそれを立脚点とすることになにか自身の「真に自由な表現」に繋がるものを感じ、現代音楽のジャンルで作曲を行うことに興味を覚えた。こうして師とのコミュニケーションは、筆者が現代音楽を中心とした作曲活動を行うことのきっかけとなった。

「コモン・プラクティス」に安住するスタイルでもなく、破壊するのでもなく、それら二つの行為が絶妙な形で共存するスタイルは、古典を踏襲しつつも何か斬新な要素を孕むという音楽を目指す態度であり、もしそれがうまくいけば、保守的なものを好む聴き手と革新的なものを求める聴き手の双方に感動をもたらす作品が生まれるはずである。しかし、実際はこのような理念で作曲活動を続けるのは苦しいということを十数年の乏しい作曲歴ではあるが筆者は実感している。保守的な視点と革新的な視点の双方の中間に立った態度でいると、簡単に言えば保守にも革新にもなびかない「どっちつかずの態度」ということになり、それによって「どこにも居場所がない」感覚を覚えることが避けられないのである。しかし、こうした姿勢はネガティブな面だけではなくプラスの面も存在する。それはどのようなジャンルにおいて創作をすることになっ

自作の現代音楽的作品「逆光の中で」（2011 年作曲）

自作のクラシック的作品「祝典行進曲第２番」(2011 年作曲)

ても、その場に「ある程度」は応えられる気概を持てるということである。私は現代音楽の作曲以外にも、クラシックやポピュラーなどのような「コモン・プラクティクス」的な要素を尊重する様々な分野の音楽を手掛けてきたが、「コモン・プラクティス」の理念を重視することそれ自体への抵抗がないことが維持されているため、どのようなジャンルでもあまりモチベーションを変化させることなく、自然な気持ちで創作に打ち込めることができるという利点があるのである。

このように自身の創作態度には長所と短所が同居しているといえるが、次に自身の創作作品を発表した体験を事例として、作曲家と聴衆との「コミュニケーション」がどのように行われてきたかを紹介し、先ほどの長所と短所がどのように影響しているかを示していきたい。

四、聴き手または演奏者とのコミュニケーション

ある現代音楽の演奏会の終了後、演奏された自身の作品についての感想を来場して下さった知人や友人に伺ったところ、感想の内容が見事に二分化したことがあった。普段の「コモン・プラクティス」の音楽を愛好する方々からは好感触な評価を受け、一方「コモン・プラクティス」を乗り越えることに重きを置く方々からはあまり関心を得られていないような反応が見られた。

この演奏会では、メロディー、リズム、ハーモニーといった一般的に音楽を成立させる要素が存在しない、つまり普通の意味で音楽的とはいえないような作品が大半であった。その中で自身の出品した作品は、

比較的伝統的な手法に頼っており、「ドミソ」というごく一般的な和音を用いた唯一の作品であった。ただ、その作品は伝統的な手法を用いつつも現代音楽的な手法も積極的に用いており、会場の雰囲気にとって完全に異質なものではないことはかろうじて感じられたが、明らかに他の作品と比べ「普通」の音楽言語を用いていることは否定できなかった。そのため、「コモン・プラクティス」から逸脱することにおける刺激を求める聴き手からは物足りなく映ったかもしれない。しかし、その一方で普通の音楽の要素があることによって聴き手に喜んでいただいたことも事実であり、現代音楽の演奏会においてもいわゆる「コモン・プラクティス」に乗っ取った音楽を期待する聴き手も少なくないということを確認できたことは、現代音楽の主流となる価値観から逸れていることを自覚し大変心もとない心境である筆者に一種の希望をもたらした。

聴き手のみならず作曲家と聴き手の中間に立つ演奏家からも度々励まされるような場面がある。

ある演奏会において自身の作品を担当してくださる演奏者が、私の作品を最後に演奏することに決定したことがあった。終盤にプログラムを組まれるということは、フルコースでいうところのメインディッシュの方に組まれるということであり、非常に光栄なことである。理由を聞いたところ「やはりメロディーがあってハーモニーがある曲を最後に演奏したかった」というような回答をいただいた。現代音楽は従来にない音響効果を得るために超絶技巧的な演奏を要求することが多々あり、現代音楽の演奏者はそのような要求に対応できる高い技術力を持っている方が多い。しかし、その高い技術力はもともとほぼ例外なくバッハやモーツァルトやベートーヴェンといった古典を演奏することで培われており、演奏家は総じてそうした「コモン・プラクティス」の価値観を理念というよりも感覚や感触で受け継いでいる。ということは演奏家が演奏して心地よく感じるには「コモン・プラクティス」の要素を持つものであることは自然であると思うが、現代音楽の演奏会においてもなお、そのような感覚を優先した意見を聴くことができ、報われた感があった。

また、ある演奏家に作曲を依頼されたことがあるが、その演奏家は自身の作品を既にいくつか聴いており、その中には現代音楽だけでなくクラシックやポピュラーなどのジャンルも含まれていた。これらを聴いたうえで依頼された演奏家は「とにかく一般の人々が聴いて心地よいと思えるもの」を希望した。私は、この要求に依頼者がこれまで私が創作してきた作品の中にそうした一般的に心地よい要素を見出して下さったことを意味していたように思え嬉しく思った次第である。

このように「コモン・プラクティス」が持つ普遍性を重視し、それを壊すのではなく活かすというニュアンスのスタイルで創作活動をしてきた結果、壊すことに意義を持つ側からはあまり承認されず、「コモン・プラクティス」がやはり本来の理想形であるという感性の側からは評価を得るという傾向があることを述べた。作曲家という立場で言えば後者の承認があれば充分なのであろうが、現代音楽作曲家としてはやはり「新しさ」を評価される形で承認を得たいという欲求は捨てることはできない。このようなジレンマをどのようにしたら乗り越えられるのだろうかと考えたところ、ここに「コンセプト」というキーワードが関わっていることに気がついた。

五、コンセプトの役割～プログラムノートを通したコミュニケーションについて

「コンセプト」とは創造された作品の全体につらぬかれた、骨格となる発想や観点のことである。現代音楽の世界ではこの「コンセプト」自体を新しいものに変革しようという態度がなければならないことになっている。曲を聴いた体感として感触として良いか悪いかとは別として、まず「コンセプト」が確固たる形で自立して存在し、それを作品という媒体を通して受けて伝えるということが現代音楽の世界では重要視されている。しかし、作曲家は言葉ではなく音を扱う。音を聴いただけでは作曲家がどのような経緯でどのような思想に至り、どのような表現を目指しているのかということを、具体的に理解することは困難であると思う。そこで「コンセプト」を理解するために音楽外的な補足が必要となる。その補足の役割を持つものとして代表的なものはプログラムノートである。クラシックのコンサートなどで、ベートーヴェンの交響曲が演奏される際に、プログラムノートではベートーヴェンの肖像画と生涯が掲載され、作曲が行われた時代背景から楽曲の解説に至るまで細かく作品に対する補足説明がなされており、それを介して作品を実際に聴くことによってより深い作品に対する理解ができるようになっている。ただしクラシックにおいてプログラムノートはあくまでも補足である。重要なのは実際に響く音であり、「コモン・プラクティス」の概念は響く音をどう感じるかということに対する共通感覚をもたらす作用があり、詳しい解説がなくともその音楽を享受する構図は成立しやすい。ところが現代音楽の場合、そもそも「コモン・プラクティス」的な要素が介入する余地が減少するので、そのような構図を取り難くなる場合が多く、またそのことは、聴き手がその音楽

を「良い」あるいは「面白い」と感じられる「ふさわしい聴き方」をまず説明することが必要とされる状況を生む。よって作曲家がどのような意図を持って創作したかという「コンセプト」がまず提示され、聴き手はそれに対応し「コンセプト」に照準を定める聴き方にシフトチェンジし、「良い」あるいは「面白い」といった基準を聴く側が積極的に変えていくことでその音楽を享受する、といった構図が現代音楽のジャンルには顕著に見られている。「コンセプト」を明示するには言葉が有効であり、プログラムノートはその意味で重要な役割を担っている。

ある作品のプログラムノートに「これは十二音技法で書かれている」という記述があるとする。十二音技法とは二〇世紀初頭に編み出された技法で、十二平均律にあるオクターブ内の十二の音を均等に使用することにより、「調の束縛」を離れようとする技法である。ただ実際に楽曲の中でその技法が駆使されているかどうかは相当な専門的な聴取能力がない限り聴いただけでは認知し難く、ここではそのような現実的な認知より、十二音技法が「調性という古き慣習を打開する」目的で生まれたという「コンセプト」としての意義を認知することの方が重要なのであり、まずそこを理解しなければ作品の意図を汲み取ることができないという立ち位置で音楽が存在する。これは聴き手が「コモン・プラクティス」の範疇に安住することができない音楽であることを意味している。現代音楽の世界は聴き手に実際の音現象を「コモン・プラクティス」的な理解でなく、新たに立ち上げた「コンセプト」に沿った理解を求める傾向にあるといえる。しかし、筆者を含め大抵の人は「コモン・プラクティス」の要素を持った音楽によって積み上げた音楽的経験を持ち、またどんなにその価値観を解体しようとも依然として一般的に広く浸透している音楽は「コモン・プラクティス」であるという現実がある。筆者は、そのような現実の中で仮に「コモン・プラクティス」を乗り越える必然性を持った「コンセプト」が存在したとしても、そのような「コンセプト」を「わかりやすく」伝えるには「コモン・プラクティス」的手法をかえって逆利用したほうがより「伝わる」のではないのだろうか、と考えている。本来言葉と音楽は密接なものであり、どちらかが完全に欠けることはむしろ不自然なことであるが、言葉の支えがなくともその音楽が魅力を持つものとして成立しうるかどうかを検討することは、たとえ現代音楽の分野に限っても重要なのではないかと思う。

現代音楽作品「逆光の中で」演奏の模様
（左から前川光世氏、前田芳彰氏、田中黎山氏　於：杉並公会堂）

演奏終了後

六、聴き手とのコミュニケーションにおいての今後の課題

本来的に見て現代音楽のジャンルは自由な発想を受け入れてくれるジャンルであると思う。自由がなければ、こうも「一般的な聴き手」の期待から自立した形でそもそも発想することはできない。例えばポップスの世界はできるだけ多くの人に受け入れられるものを目指す事が要求されるであろう。さらには商業的な成功も考慮に入れなければならないであろう。現代音楽のジャンルはそのような圧力からは比較的自由でいられるのであり、「売れる」ことに左右されずにいくらでも新たな表現形態を試すことができるという長所を持っている。常に「聴き手が中心」となり、一般社会の要望に応えなければならないという圧力にさらされないで己を表現できることに新たな表現手法の可能性を見出すことができるということで、筆者はこの分野における作曲活動を重要に思っている。ただ個人的には実験することに意義を持つよりは、できるだけ現実の多くの聴き手に素直に「よい」と思ってもらえることに意義を感じたい。その意味においてもやはり幼少時代より培ってきた「コモン・プラクティス」に乗っ取った価値観を捨て去ることはできない。このような心境で現代音楽の分野で作曲活動を行うことは不利であることは述べたが、このような心境に基づくスタイルをむしろ活かした「コンセプト」を発見することが、自身の作曲スタイルにおけるジレンマを突破することに繋がると考えている。

また、「コンセプト」という観点は、実際の作曲過程にも関わることでもあると感じている。時々、「どのように作曲をするのか」と問われることがあるが、うまく説明できたためしがない。普段音を書き連ねる

際は、その音が純粋に感性に基づいたものか、あるいは具体的な状況や光景を意識したものか、そのような「発想の出どころ」に関してはほとんど意識せずに、ただ流れに任せて行き当たりばったりの状況で書き進めている。その後で、書き記したパッセージの配置を並べ換えるといったいわば編集作業を行うが、結局は自身の作曲作業において重要な位置を占めているのはむしろこの編集作業の方であると思う。ただこの作業においてもだいたいは経験に基づいた勘のみが頼りであり、依然として行き当たりばったりの状況は続く。もし「コンセプト」の存在が、自身の作曲スタイルのみならず、このような不鮮明ともいえる現実の作曲作業に、ある一貫性をもたらす要素として働いてくれたら有難いと考えている。

聴き手との「コミュニケーション」はこのような「コンセプト」を見出すヒントの源泉であると思っている。私は自身の作品についての感想や意見を発表の度に可能な限り様々な人に伺うことにしている。その対象は専門的分野の方から一般的な方まで幅広い方がより参考になる。「コモン・プラクティス」に乗っ取った見地も、現代音楽的な見地も共に活かすべき点がある。前者はやはり率直で素直な意見を求めることができ、「コモン・プラクティス」の重みを改めて実感する契機になる。後者にしては、より客観的分析的な尺度で一般的な価値観を捉えるという意味において参考になる。いずれにしてもどちらかの立場に偏っていては、双方の大切な要素をつなぎ合わせ融合させるという発想の音楽を考慮することはできないであろう。なるべく多くのジャンルで創作することを体験し、様々な聴き手が存在することを体感し、あまり専門的見地に拘泥しない柔軟な態度を持ち続けることが、あらゆるジャンルを超えた言語を獲得できるかもしれないと考えている。作曲という行為は机に向かって音符を書き連ねる行為であり、はたから見れば大変地味な作業に映るであろう。しかしその行為で生み出された楽譜をもとに初めて演奏家や聴き手との「コミュニケーション」が展開されるのであり、音楽を通じたコミュニケーションにおける重要な根幹を担っていることは確かである。作曲を本格的に始めた当初の頃、アカデミックな環境のもとで現代音楽に限定した作曲活動を行っていた頃はこうした「コミュニケーション」の担い手である聴き手が何を望んでいるかという想像自体も限定されているような傾向を自身の中に感じていた。しかし、現在では大学の講師も務めつつ作曲活動を行う立場となってから、そのきっかけで様々な分野に、また様々なコ

クラシック作品「祝典行進曲第２番」演奏の模様
（指揮：尾崎晋也氏、演奏：MBC ユースオーケストラ　於：鹿児島市民文化ホール）

演奏終了後のインタビュー

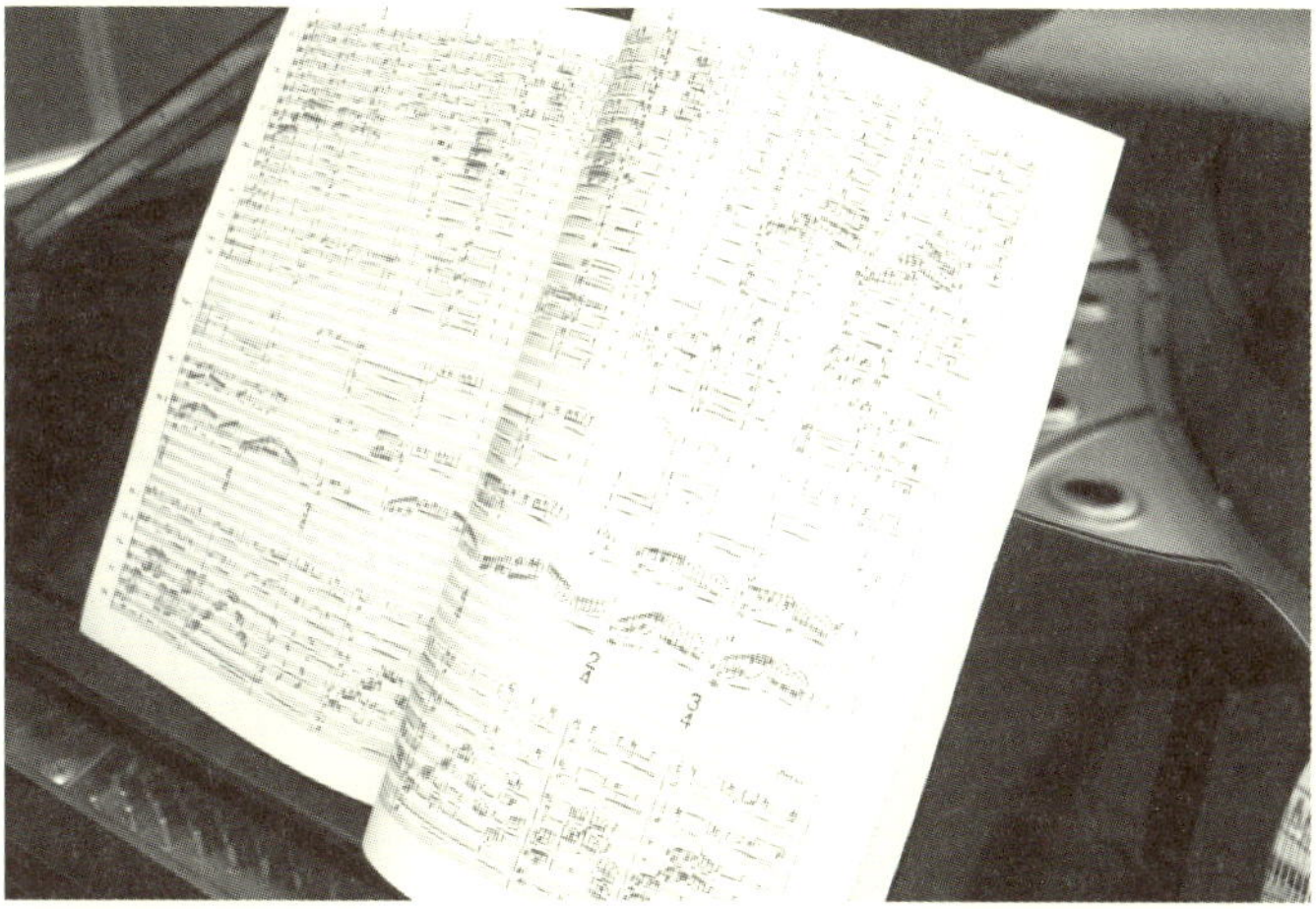

ミュニティーに楽曲を提供する機会が与えられ、それによって結果として様々な聴き手と現実的に関われるようになった。そのことで得たことは「作曲」という行為に対する見方、あるいはその視野が少し広くなり、どのような解釈や感想にも多角的に検証することで重要な要素が含まれていることを積極的に意識することが出来るようになったことである。このような意識は音楽における「コミュニケーション」について考察する土台として、またより広い視点を伴った作曲活動において必要な要素であると感じている。なるべく多くの人にメッセージが伝わる作品を創りたいと思うが、ただ聴き手に「合わせる」のではなく、共に新しい感覚を味わえる次元に到達することを目標に置き、どのようなジャンルにも属しはしないが、どのようなジャンルにも通底する音楽における心臓部分を捉えた「コンセプト」見出し、それを持って聴き手に何かを投げかけていきたいと思う。

これまで筆者の作品を聴いて下さった方々との「コミュニケーション」は、筆者の作曲に対する思考を巡らせる原動力になってきた。そのことに感謝の念を抱くとともに、これからも聴き手との「コミュニケーション」が最優先であることを前提に置き、その中で新しい表現の可能性を模索していきたいと思う。最後に、一番近くに存在する聴き手は自分自身であり、自分自身が感動に足るような作品を創らなければ、他の人を動かすことはできないという気持ちを捨ててはならないと思う。「自分自身とのコミュニケーション」を充分に行うことが、聴き手との「コミュニケーション」への出発点であると思う。

第七章　楽器演奏家と鑑賞者とのコミュニケーション

一、ピアノとピアニスト

ワタシは今年九十二歳になります。九二年間同じ黒のフォーマルスーツを着続けています。生まれはニューヨークです。その後ミシガン州、イリノイ州、現在は鹿児島に住んでいます。体重は四百キロあります。今の主人は三人目で三十年のつき合いになります。ワタシは一人ではなにもできませんし、言えません。御主人様がワタシの鍵盤を動かすと雄弁になって、大きな音を出して隣人と騒音問題を起こしたこともあります。大ホールでオーケストラなみの音を一人で出せますが、

92歳のピアノ

だれもがワタシのことをピアノ（小さな音）と呼びます。ワタシの主人たちはみな大切に面倒をみてくれたため、九十二歳になってもとても元気で、長寿記録に挑戦しようと秘かに思っています。

ピアノという楽器と五十年つき合っていますが、この九十二歳の連れ合いと偶然出合ったのは、三十年前イリノイ州の老ピアニストのスタジオです。当時すでに六十歳を過ぎていましたが、一目惚れして買いました。日本へ帰る時は一カ月の舟旅をしてもらい別行動でしたが、ずっと苦楽を共にしています。アイザック・スターンは「カーネギーホールは多くの大作曲家と演奏家たちの音楽を自分よりすでに知っている」と言いました。この九十二歳のピアノはずい分年上女房で、多くのプロピアニストと音楽を奏でて来ているので、いろいろ教えてくれる頼り甲斐のある相棒であり、先生でもあります。

他のほとんどの楽器が一つの声部しか出せないのとは対象的に、ピアノはたくさんの音を出してオーケストラ百人分の音楽を一人で演奏できる楽器です。つまり和音楽器で、多くの倍音を含んだ響きを作りますから、楽譜に書いてない音符も鳴ることになって実際に聞こえる響きは楽譜より複雑です。「もっとなめらかに歌って」「情熱的な音楽にして」「暗い音色がほしい」「リズムに乗って、踊れるように」、ピアノは生きている人間と同じように語りかけてきます。つまり、ピアニストにとって最良の先生であり鑑賞者（聴衆）です。ピアニストは、毎日数時間、多い時は十時間近くこの楽器と話し合っています。他の楽器奏者は伴奏者が必要ですが、ピアニストは一人ですべて賄えますから、ピアノが唯一の親友であり、孤独な練習が大半の人生です。

「悪いピアノというものはない。ただ悪いピアニストがいるだけだ」という名言があります。素人が拍手喝采しそうですが、真実は悪いピアノもあります。ピアニストはピアノを運べませんし、選べませんから相性の悪いピアノともつき合います。常にピアノの言葉に耳を傾けていますが、聞こえにくい時もあります。ピアノの言っている事をクリアーに聞きたい。そのために自分自身がどうあるべきか。これが私の現在の課題であり仕事です。アメリカ生まれの九十二歳の相棒とのコミュニケーションを良好にしたいと日々切磋琢磨しています。

私の仕事は、次のようなものです。

① ピアノ演奏活動
② 大学でのレッスンと講義（演奏解釈・ピアノ教材研究）
③ ピアノ講師を対象にした「ピアノ指導法講座」
④ コンクール審査員

ピアノ演奏活動では聴衆とのコミュニケーション、教育では生徒とのコミュニケーションをしています。「ハリー・ポッター」の中で、ダンブルドア校長が「言葉は魔法である」と言うように、教育とは魔術を研究するようなものです。生徒にとって先生とのコミュニケーションは重要な課題であり、どのような教育を受けるかが一生を決めます。サンソン・フランソワは大ピアニストとして成功するようになっても「マグリット・ロン先生に言われたことをいつも守っている」と語っている事は、ピアニストの世界を代表する言葉です。

では、ここから私の夢と目標が、どのようなコミュニケーションを通して変わっていったかを紹介します。

二、ピアノとの出合い

「お母さん、これやってみたい」。テレビで外人が何か大きな楽器を弾いています。まだ三歳の私はその楽器が何なのかさえ知りませんでした。この外人のピアニストはウィルヘルム・ケンプで、ベートーヴェンのソナタを演奏していました。ケンプのピアノ演奏をみて「ピアノをしたい」と思っただけでなく、「自分はもっとえらいピアニストになれる」と思ったのです。これが最初のピアノとのコミュニケーションであり、ケンプからの勇気あるメッセージを受け取りました。このメッセージはいつの間にか「世界一のピアニストになる」に変わっていて、ずっとそれを思い続けながらピアノに向かう日々が十年以上続きました。後に孫のフレディ・ケンプと知り合ったのも縁があったのでしょうか。

「二・三年やらせてみるか」と両親に連れられて近くの音楽教室に通いました。そこで十五人位の仲間と女の先生にピアノを習い始めました。ピアノという楽器と五線譜をなぜかすぐに理解して、初見で次々に曲を弾く毎日でした。他の仲間と比べて、ますます自信を持ちました。先生もその事に気付き、私だけ残して最初から和音の聴音をしたり、たくさんの曲をレッスンして下さいました。家でどの曲まで練習したかを忘れて、レッスンが初見な事もしばしばでした。先生がいつも笑顔で教えて下さったので、ピアノがもっと好きになり、ピアノを一番の友人として過ごしていました。

音楽教室はかなり広いレッスン室で、ピアノのレッスンを受けているのを多くの仲間が聞いていました。かれらが私にとっての最初の鑑賞者（聴衆）です。そのお陰で「ピアノはいつも人前でひくもの」という習慣がつきました。間もなく音楽とは無縁だった我家にアップライトピアノがやって来ました。このピアノは玄関ホールに置かれました。そのため、練習していると近所のおばちゃんが来たり、お客さんが来てリクエストに答えて弾くようになりました。この人たちが二番目の聴衆になってくれました。今考えてみると、この事が音楽の本質である「音を出す人がいて、それを聴いて観て楽しむ人がいる」という基本的な心構えにつながったと思います。また先生がいつも笑顔で「本当に良かった」と言い続けて下さったことが、無意識にピアノに集中する事に繋がり、自然体でピアノという楽器、先生、鑑賞者（聴衆）とのコミュニケーションを成立させていました。

小学一年生になって地元の国立大学教育学部のピアノの先生に教えていただくことになりました。紳士的な先生で、細かな音楽的な内容やテクニックを教えるより、多くの曲を弾くように指導を受けました。毎レッスン、大量の曲数ですから二・三時間に及ぶレッスンになることも頻繁でした。レコードで名ピアニストの演奏を毎回聴かせて下さって、「どう思う？」と言われて自分なりに好きなところ、嫌いなところを言いました。随分生意気な生徒でしたが、先生は「そうだね」と言って否定せず、もっと意見を言うように促してくれました。伸び伸びした教育で、細かなニュアンスやタッチには気を使わず、曲の全体像をいつも表現しようとしていました。「木ではなく森を見ろ」ということを一貫して続けることで、レパートリーが拡大しました。

三、十代でのリサイタル

十二歳の時に中学校の音楽教室で四十五分のミニリサイタルをしました。先生の方針がコンクールに出るより長時間の演奏を人前でさせる事だったからです。土曜日のお昼のコンサートで、授業後リハーサルもなしでスタートしました。中学校の先生方や同級生が聴いてくれました。温かなメッセージで溢れた中で演奏できました。中学の担任の先生は美術の先生で画家でしたが、「芸術は世の中でもっと高く評価されるべきだ」と言って応援して下さいました。私は小学校の頃から、たまに学校を休んで家でピアノを弾いていました。それを許してくれただけでなく「もっとがんばれ」と言って下さった小学校、中学校の担任の先生方には感謝してもしきれません。音楽とは無縁の両親も「勉強しなさい」とは言わず、未熟な子供の意志を尊重してくれました。とても広い心の持ち主で「ありがとうございました」と感謝しています。幸せなコミュニケーションの中でピアノをひいていました。

当時毎日五時間位ピアノに向かって、常に二十曲近くを練習していました。計画的に練習時間を決めておかなければ練習できない曲ができてしまうので、練習が終わると翌日のスケジュール表を作っていました。この表を毎日の練習結果によって一分単位で細かく調整していました。母は「どうしてそんなものが必要なのか」と訝《いぶか》しがっていました。しかし多くのレパートリーを常にかかえているために、この表がなかったら時間不足になってしまいました。その日の演奏の内容ではなく、前日の反省に基づいて練習の内容を決めていました。

バッハ平均律	
プレリュード	17:00-15
フーガ	17:15-30
ショパン　エチュード	
一番	17:30-45
二番	17:45-18:00
三番	18:00-15
四番	18:15-30
五番	18:30-45
ベートーヴェン　ソナタ	
第一楽章	18:45-19:15
第二楽章	19:15-45
第三楽章	19:45-20:00
第四楽章	20:00-30
休憩	20:30-45
ショパン　コンチェルト	
第一楽章	20:45-21:30
第二楽章	21:30-22:00
第三楽章	22:00-30

高校二年生の時、リサイタル（入場料をとって）をしようと決心しました。プログラムは次のようなものです。

バッハ　パルティータ第五番
ショパン　練習曲作品十・二十五全二十四曲
リスト　巡礼の年報　第二年イタリア補遺「ヴェネツィアとナポリ」

若さを感じるプログラムですが、さすがに難曲ぞろいです。そればかりか同時に毎コン（日本音楽コンクール）を受けようとしていましたから、バッハ　平均律、ブラームス　パガニーニヴァリエーション、ベートーヴェン　ソナタ、ショパン　ピアノ協奏曲も練習しました。そのため月～金曜日は六時間、週末は十時間ピアノとつき合っていました。高校はクラス四十五人中八人が東大、十人以上が医学部に行くような進学校でしたが、成績は最下位を争っていました。しかしクラスメートの志が高く、意識も高かったことはとても良い影響を受けました。かれらは休み時間もいかに難しい問題を作るかを競い合っていましたが、明るく元気に満ち溢れていました。「ピアノの調子はどうだ？　うまく弾けそうか」と気軽に聞いてきます。なぜなら、授業中に楽譜を開いて暗譜をしていることも度々でした。入学式は、後席の二・三年生から生卵が投げられて、中には傘をさして準備万端の新入生もいました。生徒会は、議論好きが多く夜九時まで二・三日続き授業がなかった事もありました。学有林にストーブの薪用の木の枝拾いに行きました。学園祭でキャンプファイアの火がステージに燃え移って消防車が来たり、毎日話題に事欠かない高校生活でした。ですからピアノに向かうと、ようやく落ち着いて集中できるという環境でした。

こんな生活を三百六十五日休みなく続けていました。今考えると体力、精神力とも充実していました。しかしクラスメートと話しても、「あ、そうなの。オレは徹夜で」と答えながらニコニコして勉強しています。皆「…になってやる」という強い意志を持って一生懸命ですから、楽しくてしょうがないという状態でした。情熱を共有できた高校生活でした。ただ一つ困ったのは十二指腸潰瘍になって通院したことです。自分自身では感じていなかったのですが、精神的ストレスが原因でした。しかしどの世界でも簡単な練習をくり返すのではなく、少し負荷がかかった練習をしてこそ、心に余裕も生まれ上達します。天使と悪魔が同居す

演奏風景

るのを体験できました。

やがてリサイタル当日になりました。この日を迎えてホッとしていました。「ようやくリサイタル用の曲目の練習を終えて、毎コン用の曲目に集中できる。半分近く曲目が減る」。これが本心ですから、実に晴れ晴れとした気持ちでステージを歩いていました。当時としては実力を出し切って満足した結果でした。五百人程の聴衆が来て下さいましたが、演奏に集中していましたのでどんな反応をしているのか全く気付きませんでした。聴衆のメッセージは当然あったはずですが、私は聴衆の前でひとり言を言ったようなもので会話の術を知らなかったのです。しかし十代でのこうした大きな挑戦は頭でなく体に直接入って来るピアノという楽器とのコミュニケーションを体験させてくれます。二十代になると頭も同時に働くようになりますから。

四、苦しい日々　崩れ行く夢

その頃の目標は二つでした。

① 世界一のピアニストになる。

② 高校を卒業したらウィーンに留学する。

両親は音楽は素人でしたが、私の実力と将来を客観的に判断してウィーン留学に強く反対しました。しかし燃え上がってしまって、他人の意見を聴く耳を持たなかったので、夏休みに一カ月間夏期講習に行かせてもらえることになりました。

ウィーンではディター・ウェーバ先生に教えていただきました。一回目のレッスンでバッハの平均律をひきましたが、「あなたの演奏には心がない」とおっしゃり、先生御自身で演奏して下さいました。ショックを受けて全身から血の気が引いていくのがわかりました。ウェーバ先生はエドウィン・フィッシャーの弟子で、精神の籠った圧倒的な迫力と音色の美しさがあり感動しました。それから心の持ち方、音色、レガート、テクニック等丁寧に教えて下さいましたが、わずか八小節に一時間かかりました。レッスンの後、寮の部屋ですっかり傷ついていました。今までやってきた事がすべて無駄に思えました。四日後のレッスンに準備が間に合うか不安で眠れません。練習室に籠ってわずか五分の曲を練習して、レッスンに行くと「よくやって来た」とおっしゃって下さって微に入り細にわたって御指導いただきました。今まで膨大な曲数をこなすことに慣れていましたから、一曲というより数小節を習得するのに一時間もかかるので、どうしたら良いのか途方に暮れました。まともにピアノがひけるようになるのかさえ自信がなくなりました。「世界一のピアニストになる」という夢は無理。なんて世間知らずなんだ……。

ピアニストは一人でメロディも伴奏も同時に熟《こな》せます。そして他の楽器と違って孤独に長時間練習します。地方都市で育ち男であったため、同世代のピアノをやっている仲間と話す機会を持たずにいる事さえ気付かずにいました。この事がウィーンでの重要な局面で、客観的な他人の意見を聞かずに自分一人で判断せざろうえない状況に自分を追い込んでしまいました。数小節を習得するのに一時間をかけるという形のレッスンを経験したことがなかったので、まったくレッスンにもなっていないと思い込み、ウィーンに留学するのは無理と一人で決め込んでしまいました。

「自分のピアノ演奏をどう思いますか。レッスンで教えられた事を理解して対応できていますか。それとも論外ですか。ウィーンに留学する価値はありますか」

どれか一つで良いから、夏期講習に参加していた音大生に聞くことが出来ていたら、ウィーンに留学していたかもしれません。その時私に聞く勇気がなかった、あるいは恥ずかしくて聞けなかったということではありません。それまでの習慣に問題がありました。先生、親とは会話があっても、ピアノ仲間と自分のピアノ演奏や将来について話し合う機会を持ったことがなかったのです。その当時は、もっと早くウィーンに来なかったのかを悔やみました。今考えれば、同世代のピアノ仲間と話す機会を作る事に気付かなかった事が悔やまれます。

ウィーン留学を諦めて、桐朋学園大学で四年間過ごしました。「日本人の音楽は信じられない」という強いメッセージが付き纏《まと》いました。日本人である自分の耳を信じられませんでしたから、迷いがあったまま人前で演奏しなければなりません。練習も満足感がないまま終わらなければならず、苦しい日々でした。信じられる音楽を求めて、海外からやってくる演奏家のコンサートに頻繁に通いました。そこだけが心を開いて音楽を受け入れコミュニケーションが成り立ったからです。聴衆・鑑賞者としての自分は常に何かを求めて学ぶ姿勢でした。ところが桐朋の仲間たちは自分の考えをしっかり持っていて、批評家のようにコンサートを聴きに来ていました。プロの音楽家を目指す仲間に囲まれて、音楽の目標もいろいろあるものだと知って、音楽界の知識が付きました。

三浦みどり先生が「自分の音を聴いて、自分で判断しなさい」と教え続けて下さった事は、とても的を射た指導で感謝しています。それから岩崎淑先生のピアノ演奏を聴き、授業とレッスンを受けました。そして先生が学ばれたアメリカに留学したいと申し出ると、快く留学先を紹介して下さいました。

五、アメリカでのコミュニケーションと目標のリメイク

アメリカでは最初の一年間イリノイ大学大学院に留学し、あのピアノと出合いました。その後ロスアンジェルスの南カリフォルニア大学大学院で三年間ジョン・ペリー先生の許《もと》で学びました。ペリー先生とは最初のレッスンから強い繋りを感じて接することが出来ました。先生の凄いところは、私という人間、私の音楽を心から愛して下さった上で指導下さったことです。「私はあなたのことを尊敬している。あなたの音楽が本当に好きだ」とおっしゃって下さいました。実はまだウィーンで傷ついた心を引き摺っていましたが、この言葉で漸《よう》くそこから脱け出すことができました。指導者は相手の心の傷を理解しなければいけない。この大切な教えを体験的に習得しました。

先生の許に集まった全米、全世界からの生徒たちはとてもフレンドリーで、パーティーに誘ってくれました。あまり英語ができないにもかかわらず、容赦なく質問責めにあいました。わかろうがわかるまいが、普通の英語で話し掛けてくれたのは、やがて英語に自信を持つことに繋がりました。ペリー先生も教える時は簡単な言葉は全く使わず、哲学的な難しい言葉も交えてのレッスンで、半分位わからないことも間々《まま》

でした。他の先生と食事をしている時に聞いたことですが、ベートーヴェンのソナタのレッスンで、「怒りANGER」と「天使ANGEL」を聞き違えたと言って笑っていたそうです。先生の弟子では日本人は一人でしたから、英語を使うだけでなく、発言の仕方、考え方まで影響を受けて、自分の意見を気軽に率直に表現することが身に付きました。

ペリー先生はテクニックをただ教えるだけでなく、生徒に理解させ修得させる道を示すことができる人でした。同じテクニックを教えるにしても、生徒によって異なった道を提案していました。こういう指導を受けるようになって、今まで表現したいができなかった内容が解決してますますやる気が出ました。当時ペリー先生の教え方は一つのスタイルで、他の先生方のような形もあると思っていました。しかし実際に教える立場になってその難しさがわかり、できないから教えられないとわかりました。まさに魔法の力を持った先生でした。

ペリー先生は夜八時頃から生徒たちを集めてマスタークラスと称して公開レッスンをされていました。私も演奏する機会はすぐにやって来ましたが、先生の注意を聞くばかりでした。しかし他の生徒たちは平気で先生に異論を唱えるし、自ら手本を弾いたりして度胆を抜かれました。マスタークラスの後に仲間と飲みに行くと「Aの演奏はリストの精神と違う」「Bの演奏はピアノの表現力がない」「ペリー先生の教え方は体現第一主義だ」等々いろいろ言い合って盛り上がります。後で気付いた事ですが、そこには人種間の違いや争いが裏にあって一筋縄でないことも確かです。相手の意見をしっかり聞いて感心できることも大切ですが、自分が発言して行動してこそ、会話とコミュニケーションが成立して影響し合えることを徐々にできるようになってきました。

かれらがなぜ確信に満ちた発言ができるのか不思議に思っていました。しかし音楽史や音楽理論の授業を受けてそこに原因があると思い始めました。詳しく理論的でわかりやすい授業でした。授業の準備は大変で、夜十二時まで図書館にいることも多かったです。そうしているうちに自分の演奏する内容が明確にわかるようになり、自信をもって演奏でき、友人とも音楽の話しを対等にするようになってきました。そして毎日新しい事を吸収して、充実した気持ちの中で改めて自分の目標を考え直すようになりました。

今回は経験済みでしたから、冷静に判断することができました。まず自分のピアノ演奏を客観的に観ました。国際コンクールで入賞するクラスの仲間たちとの比較、そして演奏活動をする体力とその不規則な生活に耐える力があるか。どちらもＮＯでした。ペリー先生の勧めでコンサートも開いていましたが、旅をしながらの生活はホールとホテルとリハーサル室の往き来で、聴衆とは表面的なコミュニケーションばかりで無味乾燥に思えました。

一方でアメリカの教育システムを調べようとしていました。東京で過ごした四年間に何か不満を感じていたのですが、アメリカの教育を受けてそこから脱却しようとしていました。大学院のほとんどの先生とアポイントメントを取って教育のあり方をインタビューしました。そこで音楽高校を紹介していただき、授業を見学しに行ってカリキュラムについて教えていただいたりしました。またクラスの仲間全員にどういう教育を受けて育ってきたかをインタビューして回りました。大変貴重な資料ができました。その一方で、インタビューの相手に必ず私を評価してもらいました。「多くの留学生が来ているが、教育システムのリサーチをするのは君が初めてだ。教育者になってそれを生かすべきだ」という意見が圧例的多数でした。

自分自身でもじっくり自分を見詰め直して、心の奥にある自分と会話しました。「何をしたいか」「どんな人生を送りたいか」「小さな頃の目標はどうなるのか」「生活力はあるのか」今までにして来た事が走馬灯のように浮かんで来ました。そしてウィーンで失ってしまった目標を新たに立てることが出来ました。

「マスターを取ったら日本へ帰って日本の音楽教育を変える」

六、教員としてのスタート・迷いと成長

日本に帰国して現在の鹿児島国際大学音楽学科の前身鹿児島短期大学音楽科で教えることになりました。立場が学生から教員へと変わり、アメリカで学んだことをすべて学生たちに与えようと情熱的に教えていました。しかし学生の音楽に対する順位というか、執着心の弱さを感じました。そのギャップを埋める方法が分かりませんでした。エリートとして育った人間の欠点もありました。しかしプロの教員として自覚が足りませんでした。「ディテールにこだわるのがプロの仕事」という事を実行しきれずにいたと思います。

その後十年が経ち、大学の研修制度で一年間ロンドン大学キングスカレッジに行く機会に恵まれました。そこの秘書であったアウワーバック女史との出会いは、人生のあり方について考えさせるものになりました。「家はどこに住んだ方が良い」「アルフレッド・ブレンデルやアンドラーシュ・シフらの名演奏家のリハーサルに行け」等々アドバイスを下さり多くの経験が出来たのは女史のおかげです。

住んでいる家の窓の大きさや壁の色に規則があって変えられないだけでなく、ある日窓ふきのおじさんがやって来てその通りの窓そうじを一斉にすることを知りました。ブレンデルやシフのリハーサルに通うようになって、名演奏家でも小さな変化を積み重ねて前進していくことを目前で修得出来ました。

アメリカでは目標を先に立てて、そこに到達するためにはどういう順序で何をすべきかと考えていると思います。ところが歴史のあるイギリスにはすでに到達した立派なものがあり、それを受け入れた上で変化していくことが人生の楽しみであると知りました。結果を求める社会と変化を求める社会の違いと言って良いと思います。この事はある日合点《がてん》がいったのではなく、じわじわと心の中で理解するようになったのです。

ブレンデルと

七、ピアノ教育の中のコミュニケーション

一年後に鹿児島に戻ると、学生に目標を立てさせたり結果がどうかを問うより、その時々の変化を楽しむ事を仕向けるようになっていました。それは心掛けてなったのではなく自然に変わっていました。それで学生の変化を見るようになったので、良い所が最初に見えるようになりました。すると学生もポジティブになって「こう弾きたいが、どうしたら変えられますか」と質問するようになり、より的確な指導をするようになっていました。その結果学生は良い変化を発見し、両者の信頼度が高まりコミュニケーションが活発になるというサイクルが成り立ちます。

レッスンでは生徒の出す音をしっかり聞く事が重要で、何を教えるべきかが分かります。次にそれをどのように教えるべきかは生徒の心をしっかり観る事が重要で、演奏している時の表情の変化を目視して判断します。例えば不安な表情で弾く生徒がいます。そういう時は多くは語らず、シンプルに

レッスン風景

指示を出します。その事で生徒が弾いている瞬間の音に集中するように変わります。こういった場合にたくさん教えすぎるとますます分からなくなって、不安を煽《あお》るケースがよくあります。

こうして徐々に指導する事に自信を持てるようになって、その指導法を他のピアノの生先方とも分かち合いたいと思いました。卒業生が中心になり、多くのピアノ講師の方々が集まって「ピアノ指導法講座」はスタートしました。そこで私がまず発見したのは、次の二点です。

① ピアノの教え方より、譜読み（ソルフェージュ）で悩んでいる。

② ピアノ講師の多くは、ピアノを教える事が出来ても、自分自身のピアノを上達させる方法を知らない。

まず譜読みですが、ト音記号とヘ音記号に広がる八十八個の音符を読めて両手十本の指を同時に動かすにはソルフェージュ教育が必要です。講座には多くの先生方が集まっていますから、多くの具体例を共有できて皆で解決法を考えるうちに、譜読みが良く出来る方法を開発する事が出来ました。自分が問題を抱えたら、自分の脳でなく他人の脳を通して見ると異った視野が広がり分かることがあります。あらゆる人をリスペクトする心が大切です。バカにして物をよく聞かずにいるより、他人の言う事にしっかり耳を傾けた方が得るものがあると信じています。その結果信頼関係が出来てメンバーも増え、コミュニケーションの輪が広がっています。

ピアノ講師は教えられても、自分では思い通り演奏出来ないケースが多くあります。原因は練習時間の不足もあります。しかし「どうしたら学生の頃のように弾けるようになるのか、その方法がわからない」というのが実情です。それで講座に集まったピアノ講師の演奏を観察する事から始めました。姿勢と動きに共通したぎこちなさを発見しました。それで自分自身の体の使い方をビデオを使って確認しなおしてみました。するとと自分の頭でイメージしたり感じている姿勢とビデオの中の動きが違っていました。ビデオを見ながら、イメージと一致するように試みましたが思い通りにいきません。それで医学書の人体図と骨格図を見ると、自分の知識が間違っていました。そして関連の書籍を調べる中でアレクサンダーテクニックを知りました。骨格のなかで、首から肩甲骨と助骨周辺の知識が違っていて、間違った知識に合わせた体の動きをしていることに気付きました。それで、正しい骨格のイメージを思い描いてから演奏すると、体の感覚も、聞こえてくる音楽も変わりました。それからアレクサンダーテクニックについて深く学ぶようになりました。

やがて自分がやっている事が正しいか確かめたくなり、ロンドンのアレクサンダー・スクールのキングスリー先生のレッスンを受けたり、指導法クラスに参加するようになりました。本の知識はステレオタイプのモデルで、例えば脊柱のカーブは一人一人異なっていて、自分に合わせて修正できるようになりました。またキングスリー先生は晩年のアルトゥール・ルービンシュタインともワークしていらして、ルービンシュタインのピアノ演奏中の心の持ち方を教えていただきました。余裕のある静かな心の状態でエキサイティングな表現ができる事を知りました。

その後学んだ内容を講師に試して反応を観察しました。「楽に弾けるようになった」と口々に語るようになりました。私からみると、自分の体の動きと出している音を自覚できるようになって、思い通り弾けない原因を理解するようになったと思います。講師たちとのコミュニケーションを通して、音楽教育に何が必要かを考える日々が続いています。

アレクサンダーテクニックを通して知った事は、体の使い方より、心のあり方がどうあるべきかということです。キングスリー先生がよくおっしゃる「どういう事をしたかより、どういう心でいたか」「どういう結果を出したかより、どういう変化があるか」という事に注目するようにしています。もう一つは、自分に対しても生徒に対しても、言葉を選んで使うようになりました。食べるもので体が成長するように、聞く言葉で心が成長するためです。相手がリラックスして無意識に集中できるように言葉を選んでいます。また、どんな表情と態度でその言葉を発するかに細心の注意を払います。ニュアンスによって、言葉は逆の意味を持つ場合があるからです。

八、ピアニストと作曲家のコミュニケーション

ほとんどの作曲家はピアノに向かって作曲をして楽譜を書いていたと言われています。なぜなら、ピアノにはハーモニーとリズムの宇宙が広がっているからだと思います。単旋律の楽器奏者は音楽全体像は一人では完成できませんが、ピアニストは一人で全体像を演奏して、複雑なハーモニーとリズムの動き全てを司《つかさど》ることができます。作曲家の楽譜からその音楽のイメージを作ることは、ピアニストはそういった意味で難しいことではないと思います。

作曲家が生きた時代の社会や都市がどうであったかということを調べますし、その時代の他の芸術、文

学、美術、建築等も関係はあると思います。しかし作曲家自身がどういう心で、どんな体の感覚でいたかを探ることはもっと重要です。特にピアニストは他の楽器に比べて大量の音符を演奏しなければなりませんから、作曲家のイメージを頭で考えながらではなく、作曲家の心と体の感覚を実感しようとします。演奏中に考えるにはピアノの楽譜はあまりに情報が多すぎます。

演奏家の役割は作曲家のイメージをただ正確に再現するだけなのでしょうか。楽譜は建築でいう設計図に当たります。ですから演奏家はその設計図を実際に建築する職人のようなものです。正確に楽譜を読むには和声や楽曲分析で教えてくれる規則だけでは歯が立ちません。加えるに、作曲家が楽譜に全てを書き表すことは不可能ですから、演奏家が自分のイメージを膨らませて音楽を完成させることになります。これをどうしたらできるようになるかというと、演奏家自身が作曲をする必要があります。作曲をすることで、自分のイメージをいかに楽譜に書き表すかを学ぶことができます。そうしてこそ作曲家とのコミュニケーションができるようになると思います。

九、ピアノと聴衆とのコミュニケーション

ピアニストがホールで演奏する際の鑑賞者（聴衆）との関係は、他の楽器奏者とは違った面があります。それは演奏している間、聴衆は前ではなく横にいて、ホールの壁と向き合って演奏するからです。他の楽器演奏者が聴衆と向き合っているのに対して、ピアニストはピアノという楽器と向かい合っている感じがしま

す。なんといってもピアノという楽器は巨体ですから、ピアノとコンサートホールとコミュニケーションを続けながらコンサートが進んで行きます。それにピアノもホールも木で出来ているため、温度や湿度で変化し続けます。よって常に耳を傾けて弾き方を変化させなければ、イメージどおりの演奏と一致しなくなります。ホロヴィッツがカーネギーホールでのカムバックコンサートの時に、ホールを貸し切って数日間リハーサルをしたのも関係があるかもしれません。

聴衆からのメッセージも演奏中に届きます。国、都市によっても聴衆のメッセージは異なり、応援するような温かな空気もあれば、耳が肥えていて批評家的な空気もあります。演奏が始まる前ステージを歩いている時にすでに何かメッセージを感じますが、日本の聴衆は演奏前は様子見というか、最初はメッセージを感じない事が多いです。聴衆を見ると、ひとりひとり感じ方も違いますし、拍手の仕方も表情も異なって見えます。しかし聴衆の意見をあまり気にする必要はないと思います。聴衆が高く評価する演奏は、外見が良く派手なもので、内面的な心の表現が足りない時のような気がするからです。演奏者は、自分の思いをそのまま聴衆に伝えたいと思っています。しかし聴く人々の心もそれぞれ違いますから演奏者の思い通りには伝わりません。とにかく聴く人の心に波紋を広げることを心掛けています。

最後に私の人生の中で最大の勘違いを紹介します。私がかつて一日十時間も練習できたのは「今頑張れば将来はさして練習しなくてもうまくなれる」と信じていたからです。現実はますます険しい山道を歩くことになりました。しかしそこには、エベレストに登頂できたクライマーしか知らない素晴らしい景色が広がっています。この勘違いがなかったら、ここまでやってこれなかったと思います。

第八章　彫刻を通したコミュニケーション

はじめに

このテーマを書こうとペンを持ったとき、私はハタと躊躇した。〈彫刻を通したコミュニケーション〉というタイトルである。コミュニケーションとは一般に人物AとBとの対話というか会話によっての心の交流とするならば彫刻が鑑賞者とどんな対話をしているのか、彫刻そのものが、どんな言葉を発していたのかは確かめる方法を私は知らない。

彫刻と一口に言っても皆様は、どんな彫刻を思いうかべるのだろうか。ニューヨークへ行った人は、あの自由の女神、ビル街にある現代彫刻の数々、パリのルーブル美術館でミロのヴィーナス、それからデファンスのカルダー、ミロをはじめとした巨大な現代彫刻、ヴァンドーム広場で開催された巨大なダリの彫刻展が開催されたり、ヴェネツィアではグランカナルにそってボテロの彫刻が展示され、彫刻のまわりでまるでピクニックのように家族で楽しく食事をしてる姿をみると、彫刻がしっかりと市民に溶けこんでいることを知ることが出来る。もちろん国内でも一九七〇年前後から彫刻のある街づくりという運動が盛んになり、全国で平和の像はじめそれぞれの地域にふさわしい彫刻が建てられた。釧路市の幣舞橋の春夏秋冬の四体の彫刻が最初だったと記憶している。このように屋外の市民生活の場に設置された彫刻と、美術館でも多くの彫刻と接することが出来る。こうした美術作品の鑑賞は、市民に大きな生きるよろこびのエネルギーを与えてくれている。

歴史的にふりかえるとエジプトのファラオの彫刻、シリア、メソポタミヤはじめ、ローマ帝国時代の皇帝の像等々強大な国家の成立と共にその君主の権力を誇示するためにつくられた数々の肖像彫刻は、今日で言うマスメディアとして強大な力と役目を負っていた。

希望

仏像、観音菩薩像、キリストやマリヤ像など宗教に関する彫刻が今日寺院のみならず美術館、博物館などで拝観出来るが、この信仰のために作られた像は、かつて文字を読めない民衆への力強い布教と教育のための像であって、広い意味ではマスメディアとして活用されていたと言えるであろう。

日ごろなにげなく接しているテレビ、ラジオ、新聞などはマスコミュニケーションであって、主に国家が市民へ、教祖から信者へと上から下へとの伝達が主であり、平等なAとBの心の交流とはなっていなかった事を推測出来る。とするとこうした伝達的な形はこのテーマに於ける本来の意味でのコミュニケーションの範囲外として話題を進めていくことにしよう。

さて私は彫刻として数々の作品を発表して来て、例えば彫刻を展覧会に発表したとき、鑑賞者と私の彫刻が、どのようなコミュニケーションをとっていたかを直接知ることは出来ない。この点は音楽や演劇のように本人が鑑賞者と直接むかいあうことが出来ない芸術であると言える。小説家もそうであろう。本人そのものが鑑賞者と直接むかいあうことが出来ない。つまり本人そのものが作品となっているジャンルのものと、本人が制作したものが作者と分離して作品となっているジャンルとがあるのだ。この両者のちがいをまず知ることだろう。

間接的に私の彫刻に対する反響を知ることは出来る。こうした状況は間接コミュニケーションというのだろうか。そもそも彫刻家はコミュニケーションがにが手で寡黙な人が多いように思う。その分だけ自分の作品とのむかいあい方が濃いように思う。話が上手で文章も腕がたつ作家が居るには居るけれど全体からみてきわめて少ない。特に私の若いころは寡黙は美徳とされた時代でもあった。

そこで理解しやすいように彫刻を通したコミュニケーションを左のように分類して記することにしよう。

一、自己と自己とのコミュニケーション

（一）自分と自分との関係

（二）自分の中のもう一人の自分

二、作者と素材とのコミュニケーション

（一）石とのコミュニケーション

（二）木とのコミュニケーション

（三）塑造におけるコミュニケーション

三、幼少時代に描いた将来像との差異

四、彫刻における成功と失敗について

（一）成功例

（二）失敗例

（三）失敗をのりこえるために

一、自己と自己とのコミュニケーション

（一）自分と自分との関係

自分をみつめる、自己追求という肩肘をはらなくとも自作のイメージを考えるとき、無意識のうちにもう一人の自分と対話をしていることがある。イメージを発想する自分とそれを定着してくれるもう一人の自分である。構想をしっかりとまとめていくときのごく自然な姿である。この二者の関係が良好でないと構想はうまく発芽しない。

（二）自分の中のもう一人の自分

制作の中ではたと、これで良いのかと自分に問うことがある。このとき他者の助言を求める場合とただひたすら自己に求める二つの方法がある。他者に求める場合は、先方の都合というものがあり、時によっては、自分の制作のリズムがみだされる事があるので注意が必要だ。そこでもう一人の自分が居ってくれることがうれしい。このもう一人の自分は、もう一人の制作者として、あるいは鑑賞者として私に指示を与えてくれる。この良好な状況がのぞましい。ただしもう一人の自分が、制作者としての自分に甘い言葉を発しすぎると好ましくない結果となることが多いだろう。自分が自分に対してすぐれた鑑賞者になるためには、それなりの努力を必要とする。

私は次のような質問をしたことがある「完成したときに誰に最初にみてもらいたいか」である。夫に、あるは妻に、恋人に、等々であった。もちろん親しい友にと……。それから制作の途中で。私は、時々美術関係者でない人にみてもらう事がある。美術関係者でない人の方がスバリと言ってくれるし、なるほどというヒントをくれることがある。これは企業の新製品開発と共通する点があるなと思った。

自分との対話は非常に大切な事ではあるが、自分で自分を迷路に導かないようにしよう。質の高い自分と自分のコミュニケーションをさがすことを心がけたい。

二、作者と素材とのコミュニケーション

彫刻は古来から石、木、粘土などが主にその材料とされて来た。この材料のことを専門用語で素材といって、それぞれ石彫、木彫、塑造という分野に彫刻家は分類されている。

鉄やステンレスなど二十世紀になって、新しい素材の作家が出現しているが、こうした分野については、その専門家にお願いすることとして、私は塑造が専門なので、石彫と木彫は、若い時少し手がけたので自分の体験の中から語る。

（一）石とのコミュニケーション

石彫家に「どうして石を彫るの」とたずねると「石が好きだから」という答えがかえって来る。「石のどこが好き?」この答えで一冊の立派な本が書ける人間の歴史と人間そのものの生きる姿がかえって来るのだ。

カーンカーンとここちよい石を刻む音がひびく。時々その音がとぎれしずまりかえった青空のもとに小鳥の囀る音がきこえる。この時彼は手のひらで石の肌をなでている。次にノミを入れるべきところを石にきいているのだろう。

私は八柳先生の工房で頭像を制作していた。新小松という石であった。ノミの使い方を私に指導してくれている石工が私に言った。「手をみせろ」左右の手のひらを大きく開いてみせた。「女の手みたいだな、怪我

しないようにやれ」の一言。私へのレッスンである。彼の手は野球のグローブのようであった。彼が私に言いたかった事は大人の体になる前にこの道に入らないと一人前の石は彫れないという事であった。

時がすぎ去り、今は女性にすぐれた石彫家が何人もいる。石彫用の工具の発達、何トンもある石も重機の発達で上手に傾けたり移動することも可能になった。石を彫る工法は全く変わった。ノミやドリル、ノコも電動化となり、ダイヤモンドカッターの自動化、コンピューター操作と……。ボタンひとつで石が自由に、作者ののぞむ形をつくり出す。最新鋭のマシーンを購入する費用は、個人の能力の範囲をとっくにこえてしまった。強力な資本力を持たない作家はその才能を発揮出来ないところまで来てしまった。

石と作者の関係でよく問われることがある。作者の中にイメージがあって、このイメージの作品をつくるのに最も良い石を探すのか、逆に石をみてイメージが生まれて彫りはじめるのか、という事で、これはどちらの場合もありで、希望する石を求めて何年も待ったという話は数々ある。

(二)　木とのコミュニケーション

木については、完全な木造住宅とまで言われなくとも日本人の多くは木造住宅で生活し、エンピツは木で出来ているからエンピツを削ったことのない大人は少ないと思う。神社や寺は木造で、日本人にとっては特に身近かな素材である。子供の時から木彫をしているところを私はみていたけれど本格的に学んだのは二紀展に彫刻を出品してからのことである。展覧会の会場で松村先生が、作者にこんな話をしていた。私は、なんとなく話をきいていたがだんだんその中にひきこまれていった。何人かの若い出品者も一諸だった。特に若い彫刻家のための研究会ではなかったが自然とそのような中味となった。

「なぜ切ったのか」と先生は作者に質問しておられた。「木が長すぎたからです」要約すると作者は、自分の作品の大きさを一五〇糎と考えていたので材料である木のもともとの寸法が一八〇糎であったから不要の部分を切り捨てたという事なのである。ごくあたりまえのことで私達にとっては〈なぜ切ったのか〉の質問の中にある大切な問題について全く想像すら出来なかった。

「木は、この大きさになるまで何十年、何百年かかって大きくなるのだ。勝手に切るな」で終わりである。この意味を理解出来たのはかなり年月がすぎてからのことであった。

一五〇糎に切ってしまった事は間違ってはいないだろうが、作者が作品のイメージを一度ときほぐして一八〇糎の原木のままの寸法の中に入れてみることによって、原木の自然な曲がり具合などと協力して、原木そのもののもつ形の美しさと作者のイメージが調和融合した美しさが発見出来るだろうということであって、こうした心づかいが木彫としてより質の高いところへ進むようにというはげましの言葉であったと理解することが出来る。

私が彫刻家として育ちはじめたころは技術を否定した時代で彫刻刀の使い方や木材のあつかい方に対してそれは小手先のこととして学ぼうとしなかった時代であった。

ザッキンの硬いチーク材でのノミの痕跡や、木彫のノミのあとというより石用のタガネで削ったのではと思われる荒いマチェールに憧れたりしていた。ファツィーニの木彫などとても新鮮に感じたし、石膏ではジカヅケという技法がはやったこともあって、荒々しいコントラストのある彫刻に魅力を感じていた。パリではじめてみたブランクーシの抽象の巨大な木彫作品は、その骨太なフォルムにすごさを感じた。石彫と木彫は、大ざっぱに言うと引算の彫刻で塑造は、粘土で制作するが、完成したら石膏取りをしてブロンズに鋳造する。塑造は粘土をつけていくから加え算の彫刻である。

石と木を素材とした作品に昨今大型抽象作品を目にすることが多くなった。

抽象作品については、作家の意図とか彫刻に関する理論が重要で、作品と鑑賞者がどのようにコミュニケーションをとっているかは具体的に両者にきいてみないと理解出来ないことが多いと私は推測するしかない。

抽象作品ということで思い出した大切な事を記しておこう。

触れるというコミュニケーションである。

三十歳になる前のころ二紀会の会場で松村先生が抽象作品の出品者の作品の前で言った。「お前の作品目をつぶってなでてみろ」「テーブルの上をなでてみろ」そして言った。「お前の彫刻の面はテーブルの上と同じたいらだ。彫刻のたいらと、テーブルのたいらは違うのだ。よくなでてみろ」でその日は終わり。当時ギャラリートークなどはじめ作品解説などあまり行なわない時代だったし、作品はみて学べであった。私達は、時々幸運に出会ってお話をきけたのであった。今日の学校のような指導はなかった。ある時、こんな話もあった「曲った土管の切り口はどうなって竹を曲げるとなぜ割れるのか。よくみてみろ。お前の彫刻は土管と同じだ」全く私達には哲学よりむずかしく答えは出て来なかった。手で触れてみることの大切さ、手で触れることは目でみるより正確にしっかりと体の中に情報がきざみこまれる。荒らっぽい指導であったが、後日になってみると中味の濃いコミュニケーションだった。

(三) 塑造におけるコミュニケーション

一般の方によく言われる事であるが、塑造つまり粘土の仕事は石や木と比べて一番簡単ですね……ということである。ところが彫刻家仲間の会話では、粘土は疲れるからいやだと石の人は云って粘土はいじりたがらない。お互いに自分が手がけている素材が一番良いと思っている。粘土は石のようにスパッと割れない、粘土は削るのにねばっこくて体が疲れるし面が決めにくいという。私はここで塑造という言葉を用いたがいつのころか塑造と彫刻とわけないでどちらも彫刻という用語を使用することとなったことを知っておいていただきたい。両者の本質的な違いは明確にしないでこれから作品がつくられていくことになることであろう。

塑造の特色は、石や木と最もことなるところは、形や大きさを作者が決定するという事だ。私達は現状として展覧会の出品要項などによって形や寸法が定められていて、そうした中で育って来たから多くの人達が、主に明治以降そう思っているだけであると認識してほしい。彫刻である石や木のもつ素材の大きさや形そのものとの対話なしで制作は出来ない。もちろん今日の科学技術の協力があれば、どんなことも可能であるだろうが、この議論は人間は自然を征服出来るかというところへ行ってしまうので別件とする。

塑造の作品はどちらかというと人物を写実的に表現した彫刻が多い。明治以降の美術教育による成果である。同じ人物像でありながら欧米に学んだ時代、追いつけ追い越せ、戦争の時代、終戦後、そして新しい具象彫刻群が、特にイタリヤの作家達の……こうした時代の中で作家達は自分の作品の道をきり開いて来た。

私が彫刻をはじめたのは一九五〇年代であった。戦後がやっとおちつき美術展が盛り上がりつつあった時代だ。戦後はじめて戦争でとだえていたヨーロッパ、アメリカの数々の新しいスタイルの作品が発表された。当時若い作家達はその激流の中で吾れ先にと最先端のものを貪欲に吸収していった。ことに抽象彫刻全盛となりつつあった時代、具象の人物を制作していた作家は、自分の道をどう切り開いていくかを苦悩していた。

私は高橋洋さんと共に、千野茂先生はじめ滝川先生などとネーベ具像彫刻展をたちあげた。明治百年というイベントが全国的に行われていたころ、私達はこの百年で西欧から具像彫刻で何を学んだかが一つのテーマであった。新しいイタリヤ彫刻に憧れていた世代と天平の彫刻をしっかりとみつめておられた千野茂先生そして伝統的な徒弟制度で彫刻を学んだ滝川先生、林昭三さんなどと、それぞれ異なる方向をむきながらの集団であった。幸運にも日本橋三越で第一回展を開催することが出来た。

塑造の中での巨大彫刻について一言ふれておこう。一般的に人体像は等身大といって、現実の人物の寸法で作られるか、七分身、或は二尺という寸法、三分の一である。こうしたヒューマンサイ

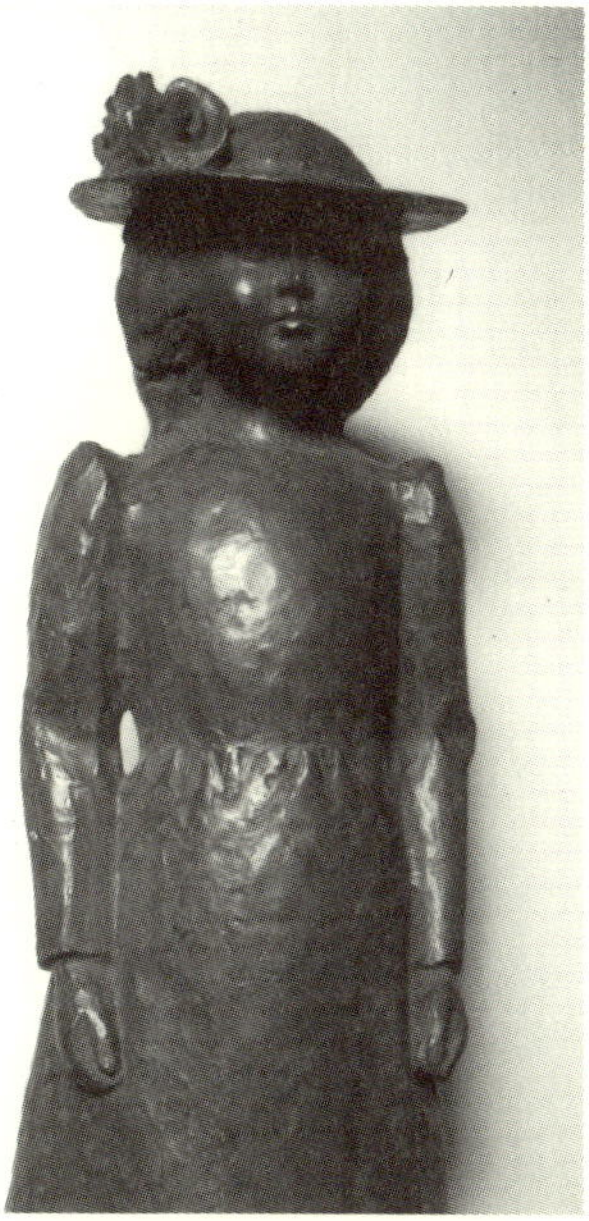

花飾りの帽子

ズが基本であったが、昨今抽象作品が主流となってから、一米とか五十糎という寸法がコンペの出品要項などに書かれているが、このサイズは、どうしても人物は美しいバランスがとりにくいと私は思っている。仏像には何丈何尺というやはり歴史の中でつくられたヒューマンサイズがある。

塑造は粘土で作品が完成したら、石膏取りという工程をへてブロンズで鋳造する。野外に設置する場合はブロンズ作品としていますが、展覧会などの室内のときは、石膏像の状態で陳列されることが一般的で、また、新しい材料のＦＲＰで発表される事が多くなった。ＦＲＰは形がどんな形でも自由であり強度も強く運搬、展示も重量的にもとても便利な素材である。そして又ＦＲＰでなければ表現出来ない新しい理論とスタイルの彫刻も出現している。

彫刻におけるコミュニケーションというテーマとしては、もちろん鉄をはじめアルミニューム、ステンレスという金属その他広範囲にいろいろあるが、彫刻の技法の話が主題ではないからここまでとしたい。

私がはじめてギリシャ、アテネ、アクロポリス考古学博物館で大理石のペプロスのコレーをみた。その美しさに感動した。その彫刻の顔に美しい口がある。真白い大理石の彼女は何も言葉を発しない。私は目で彼女の全身の姿をみつめて彼女の言葉をきくしかない。私の目から入って来た姿をしっかりと確認しながら彼女の発する言葉を心の耳できくのだ。彫刻におけるコミュニケーションとは、こうした行為のことなのであろう。一九七八年春のこと。

三、幼少時代に描いた将来像との差異

彫刻家を志して二紀展に出品してから五十年がたったとき、五十年という時間何をして来たのかとふり返えってみた。上野公園にある東京都美術館である。初出品は第十三回二紀展一九五九年であった。今日のように貸画廊などほとんどなくて若い作家が個展など開催することは夢の又夢という時代であり、公募展に出品することが唯一の道であった。

私は一九三二年、新潟県新発田市に生まれた。四歳のとき北海道函館市に転居する。父が事業をはじめたからで小学校の時は戦事中の教育、中学校では米軍占領下の教育、当時大人も大変であっただろうが、子供は子供なりに不安の日々をすごしていた。

中学生のとき、先生がフランスのアルザス地方の話をしてくれた。アルザスがドイツ軍に占領され明日からフランス語が使えなくなり、ドイツ語の生活となる。今日はフランス語での最後の授業であるという話だ。この話はその後の私にとって大切な羅針盤となっている。

小学生のとき、父は時折り東京から巡回して来

二つの林檎

た美術展につれて行ってくれた。今でも当時の絵はしっかりと記憶している。

大学進学を考えるべき年のころ生活は困窮していたので進学を考えるどころではなかったが地元の新潟大学教育学部で美術が学べるコースへ進んだ。戦後地方の教育機会均等ということで東京の一流の先生方の特別集中講議を受講出来た。彫刻を選択した理由は、なにかダイナミックな魅力という漠然としたものであった。父の実家に多少は美術品もあったし、戦前パリへ絵を学びに行った画家のところへはよく遊びに行っていたり、当時その作品の作者の事は理解出来てなかったが木内克のテラコッタやマイヨールの小品などに接していたことを思い出す。当時彫刻家になろうなどという夢はもってなかった。

それはそれとして日々の学校での授業は楽しく充実していた。彫刻の学生の数が少なかったことがじっくり勉強出来た唯一の条件だったと思う。教授は戸張幸雄、日展の作家でしっかりとした写実の作品で、あまり理論的な事は言わず自由に制作をさせてくれた。よくみて作れ!! である。中心線のことはきびしく言われた。後日、私が二紀展の審査をするようになった時、いかに若い時この事をしっかり学ばないと形が良く出来ても彫刻として成立しない事を知った。鉄は赤いうちに打て!!

ある時洋画のT教授は私に針金のような作品、ジャコメッティの彫刻の写真を見せて下さった。新しい扉が開かれた。

やがてヨーロッパ、アメリカの戦後の新しい美術作品が東京へ直接入りはじめ、日本から作家もヨーロッパ、アメリカへ出かけその地で制作し活動しはじめた。

私は時々東京へあこがれの海外作家の作品をみに行った。

「教室で裸婦などもう作ってる時代じゃない」という声を東京で美大の学生、同世代の友人からきいた。私との距離を強く感じた。

在学中に第三回日本彫刻展にはじめて出品し、奨励賞を受賞した。次の年も入選はしたが卒業と同時に制作の場はないし、どうしようもない日々が続いた。朝鮮戦争の特需景気は終わり、重くるしい時代を感じていた。

ある日、新潟市内で千野茂先生の作品と出合った。

院展で大観賞、院賞を受賞された作品は都美術館の会場でその晴れの姿を目にしていた。血が騒いだ。彫刻を続けようと快心した。

千野先生の院展に出品しようと計画を立てたが院展の彫刻部が解散し、この計画の道は絶たれたので、新しい活力のある会をえらんだ。

第十二回二紀展をみた。二人の中堅の作家の作品が気になった。三角形の面で構成しているシャープな彫刻、数点この作家の作品が陳列されていた。それと曲面でとらえた柔らかな人物像で静かな重厚な作品をみてこの会に出品することと決めた。第十三回二紀展に出品し、初出品初受賞という良い結果が出たことが、上京を決断させた。

第十四回展でも佳作賞受賞し、第十五回展同人推挙、第十六回展同人賞と、外見からは華々しいスタートであった。二紀へ出品して六年目と七年目にすごいスランプがやって来た。半具象の作品であるが、何か作品のテーマとかスタイルを新しくするなどという事で解決出来ないところへ来ていた。

当時世の中は抽象作品全勢の時代となっていた。私は具象にこだわっていた。話は前後するが、東京・京橋にある京二画廊ではじめて個展を開催した。一九七〇年。新しい具象彫刻を模索していたから表面的にはマンズーやファッィーニのスタイルに憧れていたように今は思うが、会場でT氏に「ロダンを学び給え」との言葉が、私のその後の作品へのキーワードとなった。

明治以来、私達が学校で学んだ彫刻は専門的な言葉で言うならば西洋式のモデリグで、このスタンダードとなって百年という時間がたったのだ。この原点を自分の目でみたいという欲求とみなければ自分の彫刻への答が出ないとも思ったのでギリシャ彫刻をみることを計画した。大理石のギリシャ彫刻であるが調べてるうちにその奥の深さがみえて来た。

ギリシャ本土、ミュンヘンのグリプトテイク、パリ・ルーブル美術館、ロンドン・ブリティッシュ・ミュージアムの四カ所をじっくりとみて歩いた。アテネ・パルテノン神殿で大理石の柱にそっと手をふれたときはじめて言葉で表現出来ない強列な存在そのものの迫力を感じた。

四カ所をめぐっての第一印象は、それぞれの国に収蔵されているギリシャ彫刻の相違である。それぞれの民族、国民の美意識の違いをみることが出来た。遠くはなれた日本国内に居ってはみれないギリシャ彫刻の奥の深さを知った。

後日、イタリヤのかつてギリシャの植民地だったところに足をのばした。地中海文化圏のゆたかさを知る。

一九七〇年代になって日本の経済力も豊かになり各都市での彫刻のある街づくりという運動がひろがっ

ていった。釧路市の幣舞《ぬさまい》橋四季の像がそのはじまりだったように思う。

私は幼少の時代から時代の波に流されながら生きて来た。個人の存在を認められない子供の時代を育って戦後の個人と自由を認識するまでにかなりのとまどいの時間を必要とした。

ヘンリー・ムーア（イギリス彫刻の巨匠、一八九八年〜一九八六）の言葉で、「巨象と数粳のいも虫と、どちらが美しいか」がある。私が大切にしている言葉だ。ヘンリー・ムーアが日本に紹介されはじめたころだった。

ギリシャ・アクロポリスの丘でクーロスとコレーをみることにはじまった私の旅は、地中海文化圏を中心に何度も同じところをみて来た。その理由の一つは、今日のようにデーターがなかった。無駄足が多かったのでとにかく現地に行ってみなければわからない時代であったが、四度目の旅でやっと出合えたドナテルロのダビデは今でもその感動が強く残っている。幾度となくくりかえしているうちに同じ道を通ることによって今までみえなかったものが見えて来たということの視覚的蓄積が私の目を育ててくれた。時の流れと共に美意識も移り変わる。天才が新しくするのか、支配者なのか。そ

井澤弥惣兵衛為永翁

して大衆なのか。

二〇一二年私は八十歳をむかえた。自分の人生をふりかえってみて幼少時の夢と今日との比較は不可能である。ここまで無事生きてこれたという事への感謝の念で精一杯である。

四、彫刻における成功と失敗例について

(一) 成功例

成功への道は、皆様もよく知っておられる「自分の長所、短所を知ること、時と場を読むこと」でしょう。

私は当時の彫刻界の流れに逆らって自分の表現方法も具象というスタイルにこだわった。そうしたとき現代イタリヤ彫刻を代表するマリノ・マリーニやエミリオ・グレコ、ジャコモ・マンズー加えてイギリスの巨匠ヘンリー・ムーアの半具象的そして抽象作品が日本で大々的に発表された。彫刻の最先端を行くには抽象へ進むしかなかった。

抽象へは進みたくない、この狭間で苦悩した。具象は当時の風潮からみて敗北を意味していた。敗北者の烙印を押されないで具象へリスタート出来る方法を考えた。答えが一つみつかった。はたして私達は具象の仕事をやりつくしたのか。この点に立ってみたら新しい視野がみえて来た。彫刻家という枠から一歩出てみ

た。目にみえた美しいものをそのままの形で作ってみたいという自然の人間の欲求、美しい女性をみて、彫刻を作ってみたいという自然な出発点に立って私はリスタートすることにした。この再出発が功を奏し第二五回二紀展で会員推挙となり審査員となった。三九歳のときである。作品のテーマは生活の中のワンシーンを切り取った女性の化粧しているところで題名もそのまま「化粧する女」とした。ドガ、ボナール、ロートレックも同じテーマで油絵の名作がある。彫刻は裸婦の作品が多いが、日常裸体で生活しているだろうか。私は作品のテーマを裸婦としないで日常の姿からとした。当時、今日のように寛容な時代ではなかったから若僧が裸像もろくに作れないくせにという声も大きかった。私は私の人間像としての彫刻を作りたかったから信念をまげなかった。今日公募展にコスチュームが自由に発表されているがコスチューム普及は私が先駆者だよと自負を持ってみている。

第三八回二紀展「リボンを結ぶ少女」を出品。一六四糎の立像で少女が頭の後でリボンを結んでいる姿である。女性のしぐさをテーマとした名作を数々のこした作家にドガが居ることを皆様はよくご存知だと思う。

私の発想は、ギリシャ・アテネでみたコレー（紀元前四五〇年ころ）からのヒントである。この大理石の女性像コレーには、当時の女性の最

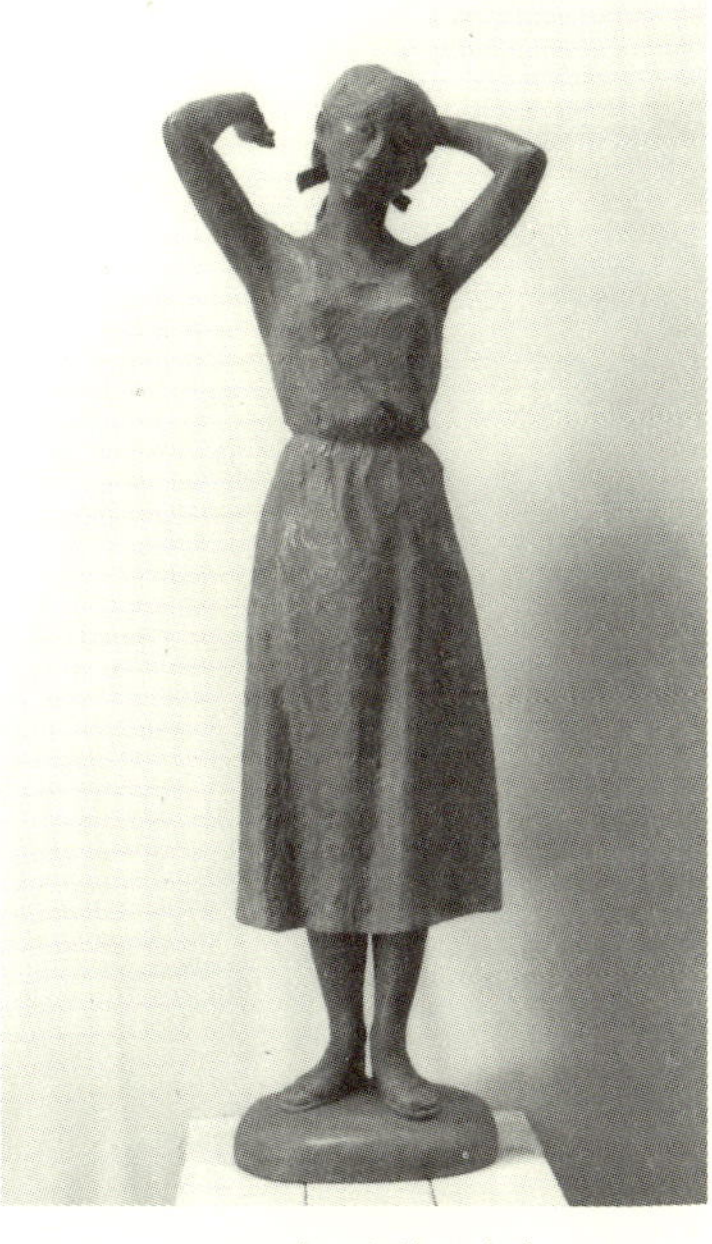

18‒リボンを結ぶ少女

先端のファッションが刻まれており、遠くオリエントそしてインドからのスタイルが正確に表現されていることを私は発見して、当時の情報網の広大さにもおどろいた。これは当時の人達の生きるよろこびと誇りが石工の手で刻まれたと私は解訳した。そして私は生きるよろこびと誇りを大切に彫刻をつくることを学んだ。

当時、日本経済新聞の美術評にこの「リボンを結ぶ少女」が掲載されていたことはとてもうれしかった。少女が頭の後ろでリボンを結ぶとき、彼女の目にはリボンがみえてないのにその瞳がリボンがみえているかのような不思議な表情に私は心をひかれた。さらに手の位置が美しい空間を構成していた。ある瞬間に出会った美しさである。後日この作品は新潟市美術館、埼玉文化創造館に収蔵されることとなった。

一九九〇年代はじめころ銀座アルクスギャラリーの主人から個展の依頼があった。条件がユニークだった。二紀展などで発表していない何か斬新な作品を、と言われた。私は常にイメージが浮んだとき必ず形にしておくようにしていた。粘土にあるいは石膏にとにかく形として定着しておくこと、デッサンに……。

パリかミラノの本屋だったか記憶が消えたが、その本の中のページの写真はよく覚えている。ヘンリー・ムーアの制作中のワンカットであるが、その写真の画面でみることの出来るマケットの数の多さである。彼の姿をみて彫刻家のあり方を学んだ。アルクスギャラリーの主人は、私のアトリエを度々訪れておったから、私のエスキースからの新しい彫刻の発芽を期待したのだろう。

はじめてシチリアへ行ったのは二月だった。黄色いレモンが木になっていた。青い空に輝くレモン、地面にはピンク、黄色そして白と淡い色の花と若草色の葉の中に。雪国で育った私にとって二月は、深雪の中で、ここは天国か‼と叫びたいショックだった。異国の果物という言葉は死語であろうが、私にとってオレンジ、マンゴー、バナナも洋梨だって憧れの異国の果物なのだ。ギリシャ神殿の柱と交叉するレモン、ぶどうの上にロマネスクの教会、こうした不思議な組合せ、コントラストによる彫刻が生まれた。半分に切った洋梨は横にするとそこは広場となって犬と子供が走っている。イタリヤの小さな街でみた情景が作品となっている。果物の形を粘土やワックス、石膏などで作って鋳物師と話し合いながら形と部分で分割したり、結合したり、手さぐりの中から新しい姿となって、それをどうしたら彫刻としてのフォルムになるかの思考錯誤のくりかえしから、これだという形が生れてくる。彫刻は多種の専門的技術者の協力によって生まれてくる。多種のイメージと技術の対立と協力によって新しいものが生まれる。この作業が、もっとも楽しい時だ。

一九九六年彼のギャラリーで個展がオープンした。ギャラリーを訪れた客は、はじめて目にする奇珍な彫刻に「何これ?」であった。次第に「面白いわね‼」と言葉が変わっていった。この一群の作品は「旅の画帖から……」というシリーズとして発表した。会場は盛況だったし画廊にとっても良い答えが出た。今思うと経済が崩壊する直前の花火だったようにも思う。

ぶどうの雲

二〇〇一年浦和市うらわ美術館開館記念企画展「求心力遠心力」の中の一室で「旅の画帖から……」のシリーズがあらためて市民に紹介された。この中の一部が館の収蔵となった。

二〇〇二年第五六回二紀展では「ローマの西瓜」という作品を発表。半月の形をした西瓜の切り身である。大きさ左右一七〇糎ほどで、切り身の平面の部分は大きなレリーフとしてローマでの印象を表現した。このシリーズは五年続けた。最初から五年間発表を続けるべき作品のスタイルもしっかりと計画をたてて挑戦した。最初の年は「気が狂ったのか」という反響であった。三年目になって「細野、西瓜みたよ」と何人かの人が銀座などで声をかけてくれるようになった。作品と作者がそれなりに認知されるようになった。企業機密を解説したくないけれど見抜いた人は、それなりの質問をして来た。「あの面、平面でないでよ、凸面に線引くのむずかしいよね」とか、コンスタンチヌスの凱施門を線描で大きく描いたことにどの工程で描いたのか等々、私はイタリヤの旅でいろいろな彫刻の技術を学んだけれど、後日奈良、京都で日本の昔の作品を見て、言葉が出なかった。この技法は日本にあったのだ、この作品は、かつて何度もみてたのに……。つまり技術は、その技術がみえるレベルに到達していないと解読が出来ないのだ。教育可能な事と不可能なことがあるようだ。

ローマの西瓜の構想は、ルーブルでメソポタミヤ、ペルシャなどの巨大なレリーフをみたときだ。私のローマの西瓜の描線は奈良の大仏の蓮辧の線彫りである。多くの先人の労苦の結晶が手本なのである。手本は、学ぶ人のレベルがそこへ到達していないと理解出来ない。彫刻において新しい時代を切り開く彫刻は、その研究から実現までは、大手自動車メーカーの新車の開発、販売の方法とかなり共通する部分があると私はみている。

(二)　失敗例について

失敗例を記さなくとも皆さんはよく知っておられると思う。成功と失敗か紙一重と言うが、失敗してしまってから……ではなくて、その分岐点をみきわめる予知能力こそ大切なのだと私は言いたい。マニュアルでもないデーターでもない。日々の生活の中からある兆しを感じとることしか答はない。目の前の大理石を銘作にするか、石くずにするか、ノミの一打をうつか否かの感だ。石の肌をそうっとなでてみてこの兆しを感じとる。

(三)　失敗をのりこえるために―楽しかった市民との出会い―

「彩の国元年（一九九〇）さいたま芸術文化祭　野外彫刻フェスティバル」の行事「所沢航空記念公園野外彫刻展」に関連して市民対象の石彫刻室が開催された。一般市民大人も子供もまっ白い大理石にノミとツチの音をコツコツとひびかせて彫刻にトライしている。観衆は「すごいな、大理石を刻っている‼」と目をまるくしてみていた。講師は田村興造先生をはじめとする若い彫刻家達で、日本のトップクラスの彫刻家たちだ。行政と彫刻家達と参加者、そして見学の人々が一体となっていた。大理石の大きさは一骰といって一尺立方という昔ながらの専門家の中で伝わっていたヒューマンサイズであたたかさを感じた。大理石で彫刻をつくるということは彫刻家のあこがれであるのに一般市民にこのような体験をさせる企画者の心の気高さがさすがだ。この会場は私が参加していた野外彫刻展会場と自由に行き来できることも良い条件であるが、航空記念公園らしくすぐそばに実物の航空機が展示されていることがすごい。人の手でつくられたものと科学と工業技術そしてシャープなデザインの粋を集めた飛行機との美のコントラスト、そこで遊ぶ子供達と家族、この秋空の下での幸福な日々の記憶は、しっかりと私の胸の中に生きている。

彫刻と市民を結ぶ良好なイベントは各地でも多く開催されてたけれど経済の下向現象とともに今は消えた。大変残念な事である。

ここで低迷をなげいてもしようがない、大自然の節理に従うのも良いだろう。冬眠も一つの答えである。冬眠反対の方は、オフのためにの良きオンのためのスケジュールをたてよう。

吹雪に耐える橅の原生林をみに出かけることも良いヒントになるだろう。こうした行動の中に良きコミュニケーションが生れると私は信じている。

おわりに

私は一九三二年生まれ、日本が戦争への道を歩みはじめた。日中戦争から第二次世界大戦へと。一九四五年敗戦、国土は戦火による焼土と化し混乱の中で復興の光がみえはじめた。国民生活の安定がみえはじめるまでの間、芸術の空白時代となっていた。一九五〇年をすぎて欧米の戦後の美術作品が暁光のように国内に入って来た。空白の時をうめるべく欧米の美術展にとびついた。国内の作家達の作風が写実から抽象へと過激に移行していった。ちょうどこの時代、私が彫刻をはじめた。私達は次から次へ押し寄せる新しく荒れくるう波に時には翻弄されながら、自分を確立しなければならなかった。

ギリシャ・ローマからそしてルネッサンス、印象派という華やかな流れに憧れつつ、そして静かに学ぶ時代は、いずこへか押し流され、狂気の日本独自の美術展熱狂の時をむかえた。一九八〇年代がピークか、一九九〇年のはじめなのかバブルの崩壊によって美術活動も沈静化する。そしてそれぞれの住み分けとも言えるスタイルの中で安住することとなる。個性化という名のもとに他との交流をさける者と、盛んな交流を求め異種交配による新しい潮流をつくる姿も目立つ、だがそれぞれの明日への希望をみつけ出せたのだろうか。

くどくどと述べることになったが、ＣＭのコピーのようにここち良い言葉だけを並べるわけにはいかない。苦るしくとも長いスパンでものをみないと明日はみえて来ない。

幾度か訪れたパリで、ふとコーヒーでも飲みたいなと、あたりを見わたしたときギメ美術館が目に入った。館内に入ってはじめて東洋にこんなにも美しい彫刻があるのかとおどろいた。そして私は日本人であることに目ざめた。米軍占領下の最初の教育を受けた私の世代たけが抱いている問題であり、共通した美意識を感じることがある。日本人の生活はじめ全てを否定されて育った私達の世代は日本人の本来の美しい姿を正しく知るためにヨーロッパへ来て同じような道のりをたどっておったことをあらためて今、思う。

二十一世紀となり、先のみえない時代に入って来ていることは、多くの人達も感じている。激しかった学生運動の時代がすぎて日本の経済・政治が安定成長の中で育った人達がはき出す不安へのため息の中に、私は自分の体験が必要となる時の到来を予知する。が、この予知が的中しないことを祈る。

一九六〇年～七〇年の美術界での激動の中で、現実的には第二次大戦後のヨーロッパ、アメリカの現代美術の波は、一九五〇年代からであるが、日本で生活していた私達へその波が強い力を及ぼした現実の姿として出て来た時が一九六〇～七〇年という事で、本来の姿を知るためには海外に出ることが唯一の方法であった。

キャサリー・ヘップバーンの「慕情」を知る方は、もう高齢になっているだろうが、当時若者だった私達はローンというシステムさえ知らなかった。日本国内でも東京と地方によっては女性のファッションの時差があった事を思い出してほしい。

私は彫刻の道を進むにあたって、彫刻は勤めながら学べるようななまやさしい仕事ではないと思ったので就職はしなかった。生活は苦しかったが制作時間と研究のために自由に時間をとれる生活を大切にした。彫刻を学ぶためにまず世界で最も美しい彫刻をこの目でみることからはじめた。少し小遣いをためてはフランス、イタリアへ行った。結果的には地中海文化圏をまわっていた。特にイタリア、スペインなど行ってみないとわからない事が多かった。山ほど無駄な時間と共に労力をついやした。一九七〇年代～二〇〇〇年代はじめまで続けた。今この無駄な労苦が時間の中でほど良く発酵して美酒となっている。

彫刻は言語化しにくい芸術であることは何度も述べて来たが、言語化しやすいという事は、容易に理解されるという事は、能率を重視する時代には必要な事である。が、もう一つの視点からみるとき思考する行為が不要となることを考えてみてはどうだろうか。彫刻は語ってくれない。目でみて感じる。理解出来るまで時には何年も見続けて発見することがある。思考する楽しみを捨てたとき、人間は人間として存続しえるか。これが彫刻の魅力の醍醐味なのだ。

絵画で遠近法が発明された時は、偉大なる発明あったが二十一世紀の今日、一視点からの遠近法的方法では解決出来ない事が多い。

きわめてワンサイド的な文章でしたが、この中から明日への道標としての何かをみつけ出していただけたら……と願いつつ。

第九章

書を通してのコミュニケーション

私は大学生の時に筑波大学にて専攻として書道を修めて参りました。そして現在中学校および高等学校にて書写と書道、そして国語の授業を担当しております。そのような事情から、これまで様々な形でこれまで書を伝える、また書と触れ合うという経験をして参りました。私は未だ三十の齢にも達しない青二才の未熟者ではありますが、これまでの書に関わってきた体験をもとに思いつくまま、乱筆を揮う次第です。読者の皆様に書というものが持つコミュニケーション機能を身近に感じていただき、また書とはどういった世界なのか、ほんの一部ではありますが知っていただければ幸いと存じます。

「書」と一言いいますと「習字」「書写」「書道」という言葉を同時に思い起こされる方も多いと思います。これは幼少時代の習い事や学校教育での芸術の時間に筆を使って字を書くという行為を経験された方が多いからでしょう。ただ本来「書」は「文字を素材とした芸術としての表現」を表す言葉であります。それと区別して「書写」は小中学校での国語科における学習の一環を指す言葉であり、「書道」は高等学校での芸術科目の一分野を表す言葉であり、「習字」は文字を習う行為全般を指す言葉です。しかし、書に関する仕事に従事する方も、もちろん一般の方も完全に区別して使っておられる方は少ないのが現状でしょう。本稿では論の進行に支障をきたす場合もあるので同一次元にこれらの言葉を使うことがあることを断っておきます。

我々は日本人であるならば少なくとも一度は筆を使って文字を書くという行為を行うかと思います。その始まりは子供のころに学校や塾で経験するいわゆる「お習字」になりましょう。専門家も一般人も習字から全ては始まる訳です。かく言う私もお習字の世界から書との縁を結びました。私は少年時代から俗に言う「才能」などというものがあった訳ではなく、ただ字を書くという行為が面白く、続けてきたばかりで自分でもよく今の仕事に就けたものだと思う時もあります。「読み書きそろばん」という言葉は今や使われないものになりつつあるかもしれませんが、私は学校や家庭において「文字を書く」という行為を学ぶことは、学習の初期段階において文字を記憶に残すためにも、また情操的発達のためにも大切なことだと思います。子供のころからパソコンや携帯電話などの機器に囲まれ、文字を「書く」ことよりも文字を「打つ」ことに親しんでいることが多い現在の児童生徒にとっては猶更のように思います。

これから人の一生におけるそれぞれのライフステージでの書を通じてのコミュニケーションと書との現状での関わりについて述べて参りたいと思います。まずは少年時代における書（習字）を通してのコミュニケーションということについて考えていきます。初等中等教育の段階における書との関わりは、国語的な意味の部分において大きいと思います。まずは誰もが読みやすく、好感を持てる文字を書くことが言語コミュニケーションの一環として児童生徒に要求されます。小学校における毛筆習字教育は小学校の三年生ころに始まるのが現在では一般でしょう。その授業の中で児童は習字塾に通っていない限り、初めて筆の持ち方や墨の磨り方などを教わり、まずは楷書体の書き方に慣れていくのが通例です。ただ、これまで中学生に書写の授業をする中で小学校時代に正しい効率的な文字の書き方の方法を学んできた子供は大変に少ないと感じています。小中学校における授業時間の制限や教えることのできる先生の絶対数が問題となっていることは明白でしょう。また、教員免許を取得する際に教職を希望するその人が書く文字の美しさといったところはそれほど大きく関係しないことにも原因があるように思います。管見の及ぶ範囲では子供たちは現在指導者的にも教室などの設備的にもあまり恵まれた環境にあるとは言い難い状態にあります。生徒に聞くと恐らく学校の洗い場が汚れるせいもあるのでしょうが、「筆は洗ってはいけない」「硯は墨がついたまま持ちかえる」といった書道用具の後処理としては誤った指導を受けている場合が非常に多いようです。しかし、そのような中でも指導に力を入れている学校や先生がいらっしゃることもまた事実です。各地域や団体が主催する児童生徒の展覧会では、よくこれほど書いたものだと思う作品も多数出品されています。まだまだ悲観するばかりではなく、一層われわれ書教育に携わる者が努力することで児童生徒にしっかりとした書写能力を身につけさせることは可能であると思っています。日本の教育現場から書写教育がなくなる日はあってはならないし、継続することの意義は日本という国家の教育において実は大きいものだと一個人として信じています。

私は、少年時代という時期の子供にとって大切なことは何よりも「褒めて伸ばす」ということであり、文字を正しく美しく書くということに喜びを感じてもらうことが肝要だと思います。中学生に指導する場合私は初期段階では盲目的と言えるほど褒めることにしています。「褒め上手」などと生徒に揶揄されることもありますが、褒められて嫌な気分になる人間はいないのですからこれは重要な要素であり、授業における円滑なコミュニケーションの一つになります。文字を書く行為は他の絵を描く、算数の問題を解くといったことよりも比較的時間がかからず、成果も出やすいという特徴を持っていると思います。このような教師との書を通じたコミュニケーションの中で子供は素直に人の言うことを聞く気持ちを育て、目に見えて技術が向上する喜びを知るのだと思っています。このように言えるのは、習字段階においてはその成熟度合いが手本（この良し悪しは大きな問題であります。）という達するべき目標があるため、客観的に判断が出来、とてもわかりやすいからです。ここで言う良い文字に芸術性がないことはありませんが、より客観性が必要な整った美しさのある良い文字ということになります。しかし、文字を上手く書けるようになり、「よく出来ました」「はねが上手に書けるようになりました」などと先生に朱で丸をしてもらう、そして更に修練を積むといったこれまで当たり前であったことが先に申しましたように時間的な制限、指導者の問題から出来なくなっているようです。

次に青年期、特に高校段階での書を通じたコミュニケーションについて考えていきたいと思います。高校生になると書道塾に通っている生徒もいますが、中学生の段階で高校受験を前にしてやめてしまうケースをよく耳にします。現在書道塾に通っている生徒の数は私の知る限りでは往年と比べ、あまり多くありません。ですから大多数の生徒は部活動という形での書道部、芸術科の授業としての書道として書と触れ合うことになります。ただ、生徒たちは教員が期待しているのを遥かに下回る書との接触経験しか持っていないことを多くの現場の先生方は感じられていると思います。一昔前であれば大体一軒家の和室には床の間があ

り、そこにある書の書かれた掛け軸を見たり、里帰りした先で大きい家ならば屏風などに書かれた書を見る機会もあったでしょう。しかし、住環境の変化などによって現在そのような機会は著しく減少しています。また、先述のように小、中学校での書写の時間は休みが増え、授業時間数が足りなくなる中で学校行事や他教科の授業、指導者の有無によって削られていっています。そういったことが重なってか帰国子女など海外に長くいた訳でもなく、諸事情から学校に通えなかった生徒でもないのに墨、硯という単語が何を指すのかを知らない生徒にこれまで数多く出会いました。書に関わる者として残念な気持ちを起こすというよりも、驚きを禁じ得ないことでした。このような事情もあり、極端に言えば書塾で字を習った経験がある生徒とそうでない生徒とは天と地ほどの能力差があるわけで、楷書を書かせるとその差は歴然としています。これでは生徒は「どう

せ自分は字がうまく書けないから」と思い込むことが多く、授業時のモチベーションに明白な違いが表れるのは当然です。全ての生徒に意欲的に授業に取り組んでもらうためにはどうすればよいか、これについてはどの教科の先生方もそうでしょうが大いに書道教師は悩みます。ただ、高校書道の授業で教えることは「文字を使って表現すること」ですから、高校生の段階からは綺麗に書かれて誰が見ても美しい文字を書かなければいけない、という考えの範疇でのみ書が評価される訳ではありません。ここが指導のポイントとなってきます。

昨今マスメディアや映画、漫画などを通じ、高校書道にスポットライトがあたるというこれまでにはあまりなかった社会現象が起きています。むしろ一般社会から筆で字を書くという行為が遠ざかっている現在であるからこそ、このような現象が生じているとも考えられます。ここで高校生と書の接点としてポイントとなるのはテレビ放映などでお馴染みの大きな筆で巨大な文字を書くという彼らの想像や理解を超えるであろう表現との、またこれまで見たこともないような書体（草書、隷書、篆書など）との出会いです。「こんな書き方をしても良いのだ」「カッコいい」という素直で単純な感想でも良いので、書に興味関心を抱く契機が俄かに高まったことは、後述する問題点は除いても喜ぶべきことだと思っています。綺麗な文字を書くことが苦手な生徒でも他に書の楽しみ方があることに気付いてくれる場合もあります。むしろ綺麗な字を書くことに不慣れなことが幸いして、隷書や篆書といった日常見慣れない文字を先入観なく捉え、非常に面白い文字を書いてくれるケースを幾度となく見てきました。習字技能に優れた生徒ほど最初は「表現する」ということと所謂綺麗な字の間の違いに煩悶するのですが、一度この壁を越えるとまた優れた力を作品に発揮するようになります。ここで大切なことは小さな進歩でも見逃さずに褒めていくことです。これまでに見たことがない字や書いたことがない字に臨むことは特に優秀な生徒で、これまで注意を受けるという経験をしてきていない生徒には「失敗したらどうしよう」という危惧が伴い、抵抗があるようです。ここで間違いや至らない部分のみを指摘してはより抵抗感を増してしまうものです。よく褒めて自信をつけてもらうこと、楽しさを発見してもらうことがまずポイントになると考えています。ただ、ある程度技法が習熟してくると褒めていくだけでは円滑なコミュニケーションは難しくなっていくこともあります。生徒の目が肥えてくるからでしょうし、日本人というものはよく耳にすることですが、やはり勤勉な部分があるようで、何か事を達成しても「まだ至らない点はないか」ということを常に考えているからでしょうか。ただこれは書をはじめとする技術を基底にした芸術表現には大切で不可欠な要素でもあります。そのような更に上を目指してくれる生徒には、褒めるにしても細かい部分を具体的に指摘する必要がでてきます。それによって自分の達成できた点を認識し、また次の目標を立てて練習に臨めるようになります。このようなコミュニケーションを生徒と繰り返すうちに、指導者の手助けがなくとも自分で古典（書でいう古典とは古人の優れた筆跡全般を指します）を見て、手本なしでも練習（臨書）が出来るようになっていきます。ここまで来るまでには多くの苦労を伴いますが、生徒の吸収力というのは我々が瞠目することも多く、十分にこなすことが出来ます。この段階では相手は人ではないものの、ある作品を書いた古人その人と、また古典そのものと会話するといったコミュニケーションが誕生すると思っています。古人、古典と会話するということは「この筆跡の作者はどのような速度で筆を運んだか」「どうしてこの文字をこのような形で書いたのか」「この筆者が生きた時代というものはどういった時代であり、どのような気持ちで筆を持ったのか」などを自問自答して考え、優れた筆跡の形・雰囲気に近づこうと文字を見て書くことであり、その作品が作られた時間を追体験する所作のことです。個人の内面の問題もあるかもしれませんが、この体験の繰り返しによって書を書く集中した時間を共有する者同士の、それをやった人間しか持つことが出来ない気持ちのつながりが生じてくるのだと思います。そもそも書の本質的な価値はまずその「線」にあると私は考えています。作品の良し悪しは線の鍛錬具合、表情の付け方によって大きく変わってきます。色々な書風（書の持つ雰囲気や表現のこと）がありますが、書をやりこんだ人間ならば例えその文字の書体による崩し方を知らなくとも、また知識の欠如によって読めなくとも、線を見て作品を鑑賞することが出来るはずです。生徒も学習が進んでくると友人の作品の選別を頼まれた時に自らの目をもって作品を選ぶことが出来るようになってくるから面白いものです。ここには修練を積んだもの同士の高度なレベルでのコミュニケーションが誕生しているようです。その出す答えは我々指導者の出す答えと多くの場合意見が一致します。生徒の成長に対する嬉しい驚きが多々現場にはあります。技術的にも精神的にも高いレベルでの修練を積むことが出来る生徒は（書分野に限らないと思いますが）学校生活全般にわたって健全な活動をし、優れた業績を残しています。書の教育における意義を私はここに見出しています。

今度は大学生や専門学生の話に移りたいと思います。私は学生時代から現在まで筑波大学の書道部の方々とご縁が深く、さまざまな場面で尽力させてもらう機会を得たので、その体験を中心に他で見聞したことも含め話を進めて参ります。大学生や専門学生などで書に関わりを持つ多くのケースは大学でのサークル、部活動での書道になるでしょう。数が少ないものとしては私がかつてそうであったように書道の専門課程に進んで関わるケースがあります。高校時代に書道部に所属していた人、または小中学生のころ習字塾に通っていて再び筆との縁を作りたいと考えた人、全くの未経験であるが何か新たな世界を求めてくる人など書に関わる動機は様々でしょう。大学生になるような年齢に達すると、高校生以上に同じ趣味や趣向を持った人々が自分たちだけで組織を運営する力がずっと大きくなっています。高校生はいかに盛んに書に関する活動をしていても、その多くは授業課題や部活動顧問の指導下であるかと思います。それに対して大学生で書に関係する人々は展覧会を開く、展示会を見に行く、学習の為に博物館に赴くなど自ら企画して活動をしていくわけで、それらの企画、運営において密接なコミュニケーションをとっていく必要が生じてきます。無論学生という立場ですから、全員が全員協力的ではなかったりしてメンバー内でのトラブルなども起きることもあります。その中で中心となって動く人を中心に強いつながりや連帯感を生んでいきます。書を書くという本質的な行動よりも、書の活動に付随するこの組織を運営するという立場での他者とのコミュニケーションがこの年代から新たに生まれる課題です。ここで努力をし、また他者に気を配って様々な行事を乗り越えた人と人任せに過ごした人とではその後の人生における生き方にも大きく影響するようにも思っています。

また、大学生のような年代で書を学ぶ人には大学の教授等との、個人で習っている場合では師匠にあたる方とのコミュニケーションが生まれます。現状の書の世界では、多く実力や名のある先生は学生から見て年齢の大きく離れた方であることがしばしばです。（もちろん若くして優れた先生もいらっしゃいます。）また、高校までに経験した教師と生徒という関係の雰囲気とも一般的には違うはずです。これまでそのような年代の人と、または社会的な立場が上である人と接する機会の少なかった学生はここでそういった人々とどのようなコミュニケーションを取っていけばいいのか試行錯誤しながら学んでいくことになります。ここでの学ぶ姿勢はとても大切です。書をモダンアートとして捉え、自らの才能を恃《たの》み、奇抜な表現や発言をして独力で活躍される方もあるかと思います。頭の固い古い考え方と指摘されることもあると承知していますが、元来の書は長い伝統に根付く磨き上げた技術を基底とする表現です。ですから私は年長者を敬い、何か技なり見識を只教わるのではなく、盗ませていただくという積極的な姿勢を持つことが若い時分の学習を深める期間に重要だと思っています。先に現行の高校生をはじめとした書道ブームは問題点を孕んでいると申しましたが、こういった謙虚な姿勢の欠落や安易な自己満足的な表現が世間でもてはやされていることが今後の本当の意味での書の発展、人の心をつなぐコミュニケーション手段としての書の活躍に大きな支障となるように思えてなりません。これまでにない新しいことをするのは芸術の世界において最も大切なことの一つではあります。ただ、書は文字を素材とした芸術です。書かれた内容に関する文学的知識や文字そのものについての教養をよそにして、ただ自我ばかりを表面に出そうとする行為は書としては野蛮であると思います。書道ブームの到来はありがたいことながらも、残念ながら安易さと結合してしまっている部分もあるようです。

全身を使って書を書いて表現したりすることが悪いとだけ言うのではありません。書道史を繙けば、中国にも唐代に張旭という書人がいました。彼は杜甫の作で有名な「飲中八仙歌」という長文の詩の中にも登場する人物です。彼は酒を飲むと冠を取って（当時の知識人や官人は人前で冠を外すということは普通しません）、髪の毛に墨をつけて文字を書いたというように言われています。パフォーマンス書道の魁であるといっても良いのではないでしょうか。しかし、見過ごしてはいけないことがあります。それは彼が書の基礎である楷書を書く能力にも優れていたということです。真贋の問題はありますが、彼の残した楷書の作品は端正なレベルの高いものとされます。この基礎力の差が作品制作時に物を言うように思います。また、現在行われている書道の展覧会では、中国明清期に行われた長条幅（縦長の紙や絹に書かれた多く二メートルを超える長さのもの）作品を基調として書かれる作品が数多くあります。これらは行草書の文字を何文字も続けて書きます。（連綿といいます）ただその我々が基盤としている書人、つまり明末清初に活躍した張瑞圖、王鐸や傅山、黄道周、倪元璐といった人々は共に細楷（細字の楷書）を得意としていました。若い時分からパフォーマンスや長条幅作品、大字作品制作など派手な仕事ばかりをしていると、現状のそれを鼓舞するような世相や書壇の流れに乗って「自分は芸術家なんだ」と早合点し、天狗になってしまう危険を有していると思います。「自分は芸術家だ」という思い込みは大変危険であり、「天狗は芸の行き詰まり」とはよく言ったものです。人間を育てるのに最も大切な姿勢は謙虚であることではないでしょうか。私は「生涯一書生」という言葉に大変魅力を感じます。ひたむきな誰に評価をしてもらうことを期待するのではない生き方が理想としてあります。芸術家というような言葉を使うのは気恥ずかしい感じがしますし、本当の一流を目指す人は高度な技術を身につけるため一流の「職人」を目指していくものだと思います。そして、やるべきことをやり尽くして、また人よりも何倍も努力を重ねて、そして最後にたどりつく境地、書論（書に関する理論、著述など）の世界では「熟後の生」などと表現される状態になること、またそれを目指して粉骨砕身努力することこそ、書をやって本当によかったと思える瞬間です。まだまだ私ごときには到底至らぬ境地ではありますが。書における芸術性を強調しすぎると他者との書を通じたコミュニケーションも一方通行な芸術性や価値観の押し売りになる可能性を有しています。もしも書がその様な態度によって一般の方に誤解されたり、程度の低いものだと思われてしまったとしたら何とも寂しいことです。

私が教員になって、また書道科の大学に入り特にギャップを感じたことは、若いころに沢山展覧会に出品して賞を取っている人が多いということと、その賞の決め方でした。私は賞というものは、先述した「熟後の生」と言われるような境地に至った人が最後に得るものだとばかり思っていました。高校生の時分は顧問の先生のお考えもあったでしょうが、コンクールにもほとんど出さず、とにかくがむしゃらに文字を書いてきました。ただそれが楽しかったのです。何かしら法則というか文字を書くにはこうした方がいいということがわかった時は心の底から湧き上がる喜びを覚えたものです。しかし大学に入り、まわりにいる同級生、先輩、後輩をみると多くの展覧会に出品し皆輝かしい成績を持っている人ばかりでした。私が未熟でまわりが優れているということも事実ですが、それ以上に賞がありふれてしまっているし、どうしてそのような賞をこの人がとるのだろうかと思うこともあり、一人悩みました。自分よりも圧倒的に書に取り組む時間の少ないであろう人が展覧会に出品するといとも簡単に上位の賞をとり、私は箸にも棒にも引っかからないなどということは枚挙に遑がありませんでした。「自分にこの書という道は向いていないのか、進路を間違えたか」とよく思った苦しく辛い日々でした。努力して、人よりも書だけではなく文学や歴史、文房具の知識など書に関する全般を深めれば世間でも認めてくれるかもしれないという私のささやかな期待は、技術や知識がまだまだ未熟なのも相まって昔も今も裏切られてばかりです。ただ、私には学生時代素晴らしい恩師が沢山いらっしゃいました。様々なことを教わり、消沈した心を深い学識と優しさで慰めていただけたのは、大変ありがたいことでした。その中で本当に行き着くところ、書の悟りは自分で切り拓くしかないと思い、多く先人の著書も読んでみました。みな一様に古典を尊ぶこと、学識を身につけることを強調し、そして人間として立派になって初めて書が良いものになると書いてありました。（少なくとも私はその様に文面を解釈しました。）高校や大学の段階でそんなに賞を得てよいのだろうか、この疑問は今でもあります。賞を取ることが出来る人から見れば単なる僻みや被害妄想だと言われてしまうでしょうが。しかしそんな私も教員として生徒を指導すると、教える側の欲として何とか賞を取らせてあげたいという気持ちが起きるのもまた事実です。賞を取った生徒に「良かったね、おめでとう」と告げた瞬間の生徒の喜ぶ顔は指導者としてとても嬉しいものです。受賞が次のモチベーションを高める作用があることも十分承知しています。しかしより高い次元に到達して貰うためには、もっと難しい学問的な高みがあることを、技術的には一段と鍛錬を要することがあることを伝える方がその生徒、学生の将来を見据えた場合により大切であると思います。人とのコミュニケーションで最も肝要なことは何より相手のことを慮ることと思います。目先の受賞だけではなく、書全般に関する教養を高めることで自らの内面の力をつけること、賞を取ることが出来なかった仲間への配慮をすることなどを伝えることこそが本当に必要なことであり、生徒学生との大切なコミュニケーションであると考えています。

ここで今度は社会人として書に関係する人とのコミュニケーションについて考えたいと思います。社会に出て書に携わる場合、専門家（教育者・書家）のように仕事として携わる場合と習い事として携わる場合、そして個人で趣味として携わる場合が考えられます。社会人は自分の時間と財力が許す範囲でそれぞれが書を学び、自己研鑽していくわけですが、学生時代よりも当然より専門的な知識・技術を磨いていくことになります。社会人の方の書との触れ合いは、お稽古としてカルチャースクール等で学ぶことが多いと思います。その場合師匠が共通の人となることで様々な書のグループが生まれます。これを書道の世界では社中と呼んでいます。社中ごとに考え方や書に向かうスタンスは違っています。社会人同士ですから時には相手の表現や思想を否定するということもあります。他人との争いや不調和を避けることが、もっといえば他人と関係することを嫌うことが現在顕著に見られるようになった傾向の一つかもしれませんが、様々な観点で書を学んだもの同士が真剣に議論することが果たして無駄なことでしょうか。私はそうは思いません。ここに弁証法的発展が望めるわけで、互いを理解し合うために相手の考え方や表現方法について討論を交わしていっても良いと思いますし、むしろそのようなパワーが今後の書道界の為に必要であると思っています。お互い書という文字を素材とした造形芸術をとことん追求したうえで討論し合えばそこに密接なコミュニケーションが芽生え、現代社会を生きる我々が書そのもののために、また書を通じて人々により良好な影響や教育効果を与えるために目指すべき書の方向性をおぼろげながらも発見できるように思います。遺憾にもなかなかそういった相手を見つけることはできませんが……。

最後に書における自己とのコミュニケーションについて考えたいと思います。かつて筑波大学の名誉教授故今井凌雪先生は「書は追体験である」とおっしゃっていました。古人の書跡を筆で実際にたどることをした者にしかわからない発見が書にはあります。その中で自分に足りない要素は何であるか、自分の書いた

ものと手本で何が違うのか、など多くのことに思い悩むことで書に限らず様々な場面で自分を見つめなおすことが出来るように思っています。また、以前私の所属する書道団体書海社の会長であられた故谷村憙斎先生は「書は年齢ではなく、どれだけ修業をしたかが肝心です」と研究会でおっしゃっていました。年齢を問わず真剣に書と向かい合っていくことで自己の内面を掘り下げ人間完成に努めることが出来るのだと考えています。そこには世俗的な外部評価を超越した書を通じての自己とのコミュニケーションがあり、結果自らが目指すべき方向の光明を窺い見ることが出来るように思います。常に書を通じて自己に問いかける営為の中で、他人への思いやりや書に限らず道に迷っている人、困っている人への慈しみの情が沸き、人として望ましい他者との関係を構築できるようになるはずです。書が何よりも優れているなどと大それたことは申し上げられませんが、書にはそのような可能性が十分にあり、高等学校の教科名とは違う意味での「書道」と「道」をつけて呼ぶ単語が成立する所以《ゆえん》でありましょう。

ただ、私は実際に筆を持ち作品を書く場合、これまでに申し上げた学問的なことや制作意図など様々なことを考えながら書くのかと言えばそうでもありません。むしろ何も考えないくらい作品に没入するようにならないと満足のいくものを私は書けないような気がします。何とはなしにふと筆を走らせると良い作品が生まれるようです。書が上手く書ける状態の一つとして「偶然書せんと欲す」という言葉が孫過庭の『書譜』（唐の時代の書論。実作者の視点から書かれている。また草書作品としても王道中の王道）の中にありますが、言い得て妙かなと思っています。もちろんそのためには日頃の鍛錬や学問的裏付けからくる人としての高みを得ていることが必須です。技術も運動選手と同じで普段からしっかり鍛えていないと書の神様も制作現場に幸運をもたらせてくれはしないでしょう。書は難しい、最近またつくづく思い知らされます。ただ、だからこそ生涯をかけて追い求める価値もあるとも。ここで拙作にて恐縮ですが、先に市川市美術展覧会と個展でそれぞれ発表した近作二点を示させていただきます（一七八〜一七九ページ参照）。学生時代より追究していますが小篆というタイプの篆書と章草といわれる草書による表現の作品です。この通りの未熟者ですが、この稿を通じ改めて様々な書に関する思索をさせていただくことが出来ましたので、拙論に触れていただいた皆様にいつかよりよい作品をお見せできるよう今後一層の精進を続けて参る所存です。

これまで各世代における書を通じてのコミュニケーションの実態や指導する中で経験し、学んできたいく

近作①篆書「白楽天詩」2010
（228cm×53cm）

《釈文》

好風朧月清明夜
碧砌紅軒制史家
獨遶回廊行復歇
遙聴紫管暗看花

好風朧月清明の夜
碧砌紅軒制史の家
獨り回廊を遶りて行きて復た歇む
遙かに聴く紫管暗看の花

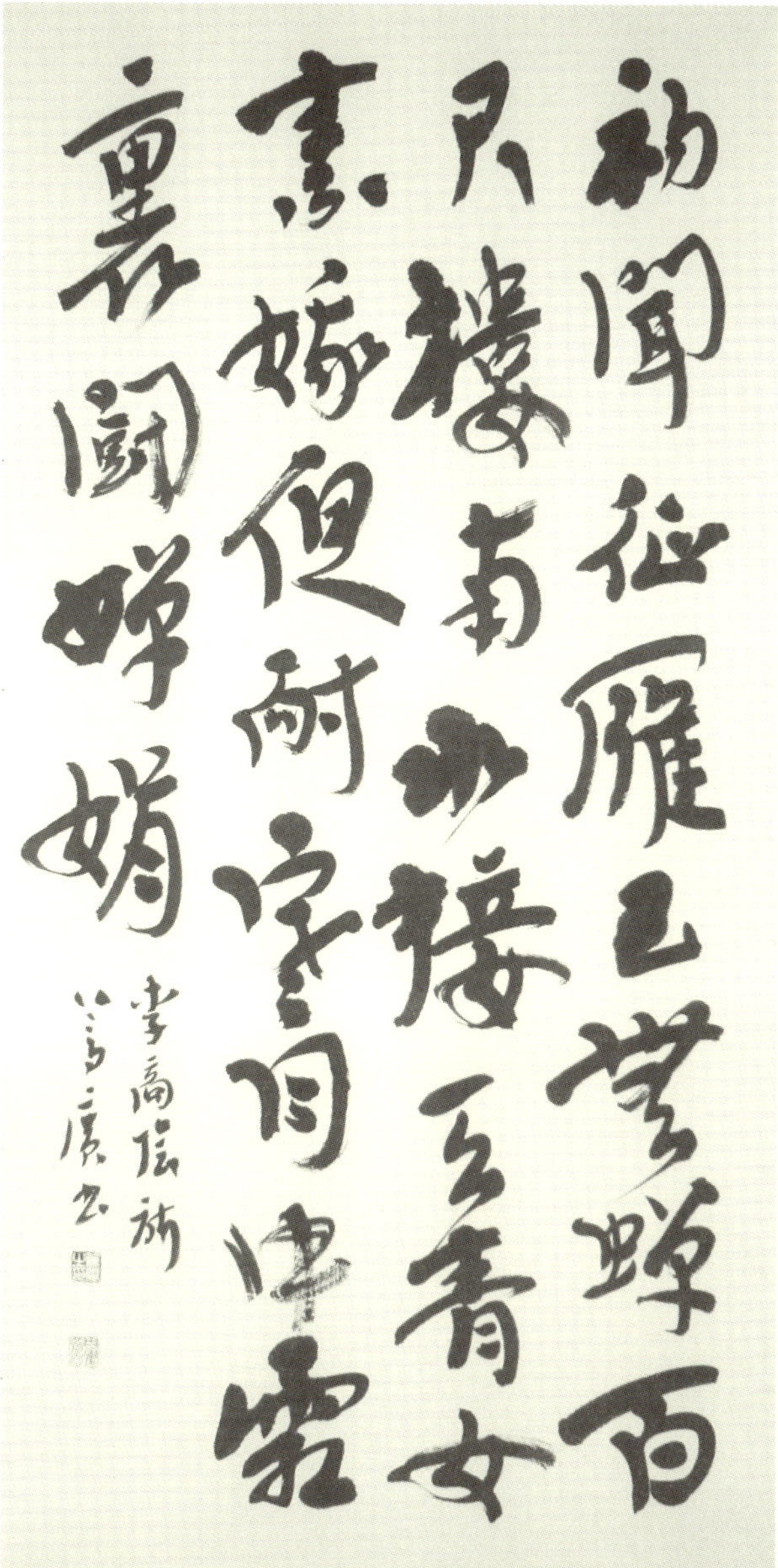

近作②草書「李商隠詩」2011
（135cm×70cm）

《釈文》

初聞征雁已無蟬
百尺樓南水接天
青女素娥倶耐寒
月中霜裏鬪嬋娟

初めて征雁を聞き已に蟬無く
百尺の楼南水接するの天
青女素蛾倶に寒に耐え
月中霜裏嬋娟を闘はす

つかの例を紹介して参りました。また、私が考える書の世界にある問題点や今後の書の発展への希望と後退への不安、書の持つこれからの世の中におけるコミュニケーションに役立つであろう秘めたる可能性について書かせていただきました。そして、これから書に関わる我々がどのようなコミュニケーションを書を学ぶもの同士でとっていくことが望ましいか、一般の方々、学生、生徒そして児童ととっていくべきかについて述べさせていただきました。聊か言葉が過ぎた部分もあるかと思い恐縮ですが、願うことは特定の個人や団体への非難でもなければ、私の書の世界への僻みでもありません。私の学び得た見識、経験してきた現実を踏まえて客観的に、そして素直な言葉で書について思うことを表現し、読者の皆様に書という分野の実情や今後に役立つであろう書を通じてのコミュニケーションの効能を知っていただきたいということです。

私はただ文字を書くことが好きでこの書の世界に入り、今も書道の教員として生徒に教えながら学んでいる身です。書に関する考え方、指導法に行き届かない部分も多々あります。多くの先生、先輩、有識者の方から書かせていただいた内容について「それは違うのではないか」などとお叱りをいただくこともあるかと思います。ここで先に併せてお詫び申し上げます。もとより芸術は医学や科学のように直ちにその成果を社会に還元できる分野ではありません。「遊び」の世界であると思います。しかし、人間から「遊び」の部分を取り去ってしまえば何とも寂しいものです。『梁塵秘抄』の一文に「遊びをせんとや生れけむ、戯れせんとや生れけん、遊ぶ子供の声きけば我が身さえこそ動がるれ」というように、子供の純粋な遊びを楽しむ心は美しく、これは大人にとっても大切だと思います。現在のように情報化が進み多様な価値観が渦巻く複雑な社会を生きる我々には、純粋な心で高度な精神世界の「遊び」に取り組むことが自己を見つめるためにも大切なのではないかと思います。とりわけ書という分野は多くの複合的な教養や人間性が求められる高度な意味での「遊び」の要素をもった芸術であると私は思います。「遊び」であるがゆえに書に関わるものはどのような実用的な学問研究よりも真剣に大真面目に取り組み、精神性を高いものにしていかなければ意味がないものだと考えています。これまで長い歴史の中で書が尊重され、多くの歴史上の先賢、先人達が人生をかけて書に取り組んできたのもそのためではないでしょうか。

書は中国と日本、また漢字文化圏におけるとても豊かな表現の世界です。是非とも多くの方が書を経験され、書でしか味わえない妙味、人間関係を経験してほしいと思います。その結果より良好なコミュニケーションがとれることを願い私も一人の字書きとして、教育者として今後とも学問と技術鍛錬にそして学生の指導に励んでいく所存です。書はやはり素晴らしいものです。先人から受け継ぐべきこの文化遺産を発展継承できるよう今一度書を考え直し、微力ながらも多くの人に向け発信できるよう真摯にこの世界と向き合っていきたいと決心しております。拙論に最後までお付き合いいただきまして誠にありがとうございました。衷心より御礼申し上げここに擱筆いたします。

《参考文献》

・松本芳翠『臨地六十年』二玄社、一九六〇
・今井凌雪『書を志す人へⅠ』二玄社、一九七九
・伏見冲敬・村上翠亭『書法教程』角川書店、一九八四
・『書二十世紀の巨匠たち第二巻　辻本史邑の系譜』天来書院

第十章　写真を通したコミュニケーション

一、決定的瞬間

決定的瞬間と言う言葉がある。かつて従軍カメラマンであったロバート キャパが敵弾に打たれ仰け反った兵士の姿を至近距離から捉えた写真を見たことがある人も多いであろう。決定的瞬間を捉えた歴史的な傑作と称される写真である。決定的瞬間という言葉は、連続した流れの中からこのタイミングしかないといった一瞬を捉えた写真について称される。このような傑作に限らず、身近なところでは愛しい人の一瞬の表情、子どもが運動会の徒競走でゴールテープを切る瞬間などを誰もが一度は撮ったことがあるだろう。

二、被写体とのコミュニケーション

決定的瞬間は動くものを撮る時だけにあるのではない。動かないものを撮る場合にも決定的瞬間は存在する。ある動かない被写体を撮るとする。被写体は花でも、建物でも、仏像でも何でもよい。まず被写体を三百六十度あらゆる角度から観察し、被写体が一番輝くポジションを見つけるのである。被写体が発する「ここから撮ってくれ」との声を聞き取る。そのためには、撮影者は感性を昂らせて被写体に集中しなければならない。真剣勝負である。被写体と撮影者との波長がビシッと合ったポジションが被写体の一番良い表情、すなわち被写体の本質であり決定的瞬間なのである。

三、写真を見る人とのコミュニケーション

かつて写真で飯を食べていた頃のことである。クライアントからの依頼でネクタイピンの撮影依頼があった。仕事なので当然予算はある。見積金額以下で仕事をしなければ利益が出ない。当時はデジタルカメラではなくフィルムを用いたカメラで撮影を行っており、撮れば撮るほどフィルム代と現像代からなる原材料費が嵩む。ある撮影ではベストなアングルが絞り切れなかった。思い悩んで一カットの注文で、二カットを撮影してしまった。一カット目は、自分では被写体の本質や魅力を一番表現したと自負できるカットである。二カット目は一般受けしやすい、すなわちクライアントが喜びそうなカットである。写真が仕上がりクライアントに二枚の写真を見せた。当然であろうがクライアントは二カット目の写真を選んでいった。本来、クライアントが選びそうにない写真を撮ること自体が無意味なことなのであった。特に商売の世界ではお金を支払う側が優位に立つものである。

しかし、金銭が絡まなくても写真を見る人が写真を見てどのように感じるかを考えながら撮影するのは大

切なことである。身近な人に本人の写真を撮るのを依頼されたとしよう。写真を見る本人ができるだけ喜ぶような写真を撮りたく、撮る以前からいろいろなことに思いを巡らせるものである。どのようなシチュエーションで撮ろうか、場所はどこにしようか、などなど。いざ写真を撮る時にはできるだけ本人が喜びそうな良い表情を追い求めてシャッターを切り続けるのである。このために、本人、すなわち被写体とのコミュニケーションが大切となる。撮られる人と会話をしてリラックスさせ、少しでも良い表情を引き出すことが重要となる。

生業としての写真を辞めてからは化学の受託製造会社に身を置いている。現在の会社でも写真については重宝がられ、幾度となく会社案内などプレゼンテーション用に社内の写真を撮り続けてきた。この場合最終的に写真を見るのは、会社の期待としては仕事を頂ける会社である。工場が竣工したとしよう。会社案内などでは紙面の都合上写真を数多く使用できないことが多い。一枚の写真で出来るだけ強く訴求できるようにベストなアングルを探すのである。こちらからアピールしたい内容の写真を撮るのが前提であるが、見る人に清潔で明るい印象を与えるように写真を撮ることが求められる。

一般的には、撮る対象にかかわらず、写真を見てもらう人の気持ちを想像し取り組むといった、写真を見る人との仮想的なコミュニケーションが重要である。

四、予期せぬコミュニケーション

写真は表現のための一手段として認知されている。現在ではデジタルカメラが主流となり、簡単に失敗も少なく写真が撮れるようになり、写真を表現の道具として利用している層が広がった。一方、写真が発明されて以来「記録」という大きな使命を担ってきた。記録写真はいつ見られるのだろうか。身近な家族写真の場合では撮った直ぐ後に見られるだろうし、何年何十年経ってからも思い起こすように愛しく見られることであろう。また、ニュースなどで使われる報道写真は何より速報性が求められるが、後には記録としての価値が付加され歴史的資料になりうるのである。撮影から何年何十年後になって見られる報道写真の場合、この写真を見る人は撮影時には生まれていない場合もありうる。すなわち、写真の価値は撮影した時点で決まるのではなく、撮影後に写真を見る人やその時点での社会情勢によって記録写真としての価値が決まるのである。写真を撮る時点では見る人とのコミュニケーションが取れないのである。これからは自分自身の体験である。

数年前に共同研究先がある岩手県釜石市に数か月間居たことがある。ご存じのように東北には風光明媚な景勝地が多くあり、休日には釜石やその周辺を撮り歩いた。一方、景勝地の写真だけでなく、街中の何気ないスナップ写真も多く撮っていた。今思えば、このような何気ない街中のスナップ写真を撮った明確な意図は無かったようである、と言うかまったく記憶がないのである。強いて言えば、自分が東北の土地に居た証を残したかったのかもしれない。気合を入れて撮影した景勝地の写真については何度も見返したが、街中のスナップ写真は撮ってから一度も見ることはなかった。二〇一一年三月十一日に東日本大震災が発生し、小生がかつて住んでいた釜石市へも大津波が押し寄せた。埋め立て地にあった派遣先の研究所は一階まで津波が入り込み甚大な被害を受けたが、一緒に仕事をした人を含めて皆は無事であった。最近、釜石に居た当時に撮った街中の何気ないスナップ写真を見ることがある。津波によって破壊され今は見ることができない風景も多くあり、懐かしくも複雑な思いである。親切にしてくれた街の人々は無事であったであろうかと思うこともある。

このように、撮影時にはほとんど意味や価値を持たなかった写真が、ある出来事をきっかけに記録写真として存在価値が現れることがある。この場合も、撮影時には写真を見る人とのコミュニケーションは存在せず、後になって予期せぬコミュニケーションが発生したケースであった。

一枚の写真を撮るにあたり被写体とのコミュニケーションは必ず発生する。一方、写真を見る人とのコミュニケーションは撮影時には発生しないこともありうる。しかし、写真を撮ること自体がコミュニケーションの動機であり起点であることは間違いない。

京都市東福寺方丈北庭。昭和の庭作家重森三玲による名園。人の手により完成された作品を撮るには作者の思いを感じ取る感性が必要となる。

島根県出雲市出雲ドーム。半円のドームが田植え直後の田に写りこみ、宇宙船が飛来したかのような光景であった。

兵庫県明石市御厨神社。おみくじに込められた願いは成就したのであろうか。

島根県出雲市出雲大社。大木の幹が見えなくなるほど結び付けられたおみくじ。おみくじや絵馬の数だけ願いがあり圧倒される。

京都市北野天満宮。菅原道真がこよなく愛でた梅が咲き揃うさまは亡き主を慕っているかのように感じられた。

東京都永代橋。都会の黄昏は華やかだが哀愁が漂う。

兵庫県神崎郡砥峰高原。無数のススキが逆光を浴びて光っていた。高原を吹き抜ける風が心地よかった。

兵庫県但東町安国寺。お堂を通して見る紅葉したドウダンツツジには妖艶さが感じられた。

岩手県釜石市平田湾。風光明媚な入り江であった。水平線上に見えるのは長年をかけて造られた釜石港港口防潮堤。しかし、東日本大震災では巨大津波に破壊され釜石の街を守ることは叶わなかった。

岩手県釜石市呑ん兵衛横丁。庶民的な店でお世話になったが、津波で全壊し今は見ることのできない街並みである。最近何軒かが仮店舗で再開したとのこと。

第十一章　登山を通したコミュニケーション

「こんにちは！」街中で全く赤の他人とすれ違った際に、元気に声を掛けることは、めったにないと思う、というかほとんどないだろう。小学生のときは元気に挨拶しましょうと教えられ、知らない人でも登下校時には挨拶をしていたのだけれども。いつしか大きくなるにつれて、田舎から都会に出るにつれて他人に挨拶をすることはなくなった。

「こんにちは！」「あともう少しですよ。頑張ってください！」「ありがとうございます！」

すれ違う知らない他人から励ましの言葉をもらうこともある、登山の最中である。もちろんすれ違う人全員が声を掛け合うことはないが、大概、みんな挨拶している。街中では挨拶しないのに、山では挨拶する。そしてそのことが至って当然のことのように感じている。この違いは何なのだろう。

とは言うものの、高尾山や富士山などかなりメジャーで多くの人が登っている山では、すれ違う人数が半端なく多いので挨拶しない。観光地化してしまっているからだろうか。観光地化によって、自然の中にいるというよりも街に近くなり、結局、街中では挨拶を交わさない現象と同じなのだろう。

そういう私自身はというと、山岳部でもワンダーフォーゲル部でもない。大学時代に野外活動クラブとい

富士山頂からの日の出

うサークルを通して年に何回か山を楽しく登るというスタンスの登山愛好者だ。だから知識豊富な登山家ではないし、また最近流行っている山ガールでもないかなと思っている。趣味はと聞かれて、あえて言うなら登山ですかね、という程度だ。ただ山に登るのは好き。なぜ山に登るのが好きなのか、理由はいくつか挙げられる。私が育った田舎では、霧島連峰の高千穂の峰がとても綺麗に見える。おそらく最初に登った、というか父に背負われて登った山だろう。山好きの父によって幼少から登っていたこともあり、田舎を離れ東京に住んでいる今、都会の雑踏から逃れ山に行くことで懐かしさと心の落ち着きを感じているのかもしれない。

また理由の一つとして、自分が「コミュニケーション下手」という点があると思う。友達同士での会話は特に問題ないのだが、特に大学生になってからは人との付き合いが苦手な方だと感じるようになった。大学では色んな地方からの学生が、サークルに入れば様々な学問の学生が、歳も四つ、六つ離れた先輩や後輩がいたり、と対応すべき対象が格段に増え、今までのコミュニティから幅が広がったことで、より人付き合いやコミュニケーションの難しさを感じるようになった。自分のキャパシティを広げるよりもそのままの大きさ、むしろ閉鎖的にした方が楽じゃないか。広く浅く友達を作る必要はないんじゃないか、仲間内だけで、深く関わってくれる友人が一人二人いればいいんじゃないか、そういうスタンスの人付き合いをしていた。一方で、たくさん友達がいて年齢に関係なく話ができている友達や、サークルで他大学と連絡をとっている先輩たちなど、羨ましくも思っていた。他人とうまく話せない自分がイヤでもあった。

このコミュニケーション下手と思い込んでいた私だが、山ではなんの気兼ねもなくすれ違った人と挨拶をすることができる。すれ違いざまの挨拶だけでコミュニケーションが上達することはないと思うが、私にとって山は居心地のよい場所、楽に人と話せる機会の場として、登山に魅力を感じたのだと思う。自然であれば海や川でも良いのかも知れないが、「人生は登山と同じ」という感覚をいつも感じる。登りのしんどさは、色んな山に登っていても毎回感じる。なんでこんな辛い思いをして登っているのだろう、と。でも、一歩一歩足を踏み出すたびに確実に頂上に近づいている。社会人になってからは特に、日々の業務が意味あることなのか、もっと大きいことが出来るのではないかなどと悶々とする事もある。登り始めはそんな事を一人で考えながら歩いているが、だんだんと、今出来ることを一つずつ確実に行っていくことが大事だと改めて反省し自分を信じることができる。登るにつれ段々と小さくなっていく町並み、鳥の声、移り行く木々、霧に包まれ雲の中を歩く。やがて雲が下に浮かんでいる。日々の悩みを考えながら登っていたらせっかくの景色を見逃してしまいそうでもったいないと思うようになってくる。すると今後の楽しい事や積極的な方向へと思考が広がっていく。実はこの感覚も私が山を好きな理由の一つでもある。登りの辛さがあるから頂上に近づいていけるのだ。平坦な道を歩いていたら、自分の人生の高みに到達することはできないのではないか。ゆっくりでもいい、一歩一歩確実に、足を踏み出せば、頂上にたどり着けるのだから。

山ですれ違った人たちが自然と挨拶するのは、登頂する、自然を楽しむといった同じ目的を持っている事が言わなくても明確なので、他人でも親近感を覚えるのかもしれない。それから、お互いに損得勘定がないことも挙げられるだろう。ビジネス、営業では　コミュニケーション力が必要だと言われ、いかに相手と上手くコミュニケーションを取れるか、それによって相手のニーズを知ることができるか、とか頑張ってコミュニケーションをとらないといけないような気がする。山での挨拶だけならそこまで考える必要もない。そういう意味で、気が楽なコミュニケーションなのかもしれない。

これまでこの山での挨拶について、深く考えたことはなかったのだけれども、「岳」という山岳救助ボランティアを主人公にした登山のマンガを読んで気付いたことがある。山に登っている時

高尾山・桜の下を行き交う登山者

羊蹄山とヒマワリ

に挨拶をすることが、気持ちがいいからとか、気楽なコミュニケーションだからという単純な理由だけではないのではないか。それは、挨拶一つが〝命を守っている〟かもしれないと。マンガの中で、主人公（山岳救助ボランティア）はパトロールしながら登山者に元気よく挨拶をする。その主人公は、登山者の反応、表情や声のトーンなどによって、無事に登頂・下山できるか、遭難の危険性がないかなど敏感に察知する。もちろん主人公は救助隊だから注意して登山者を見ているのだろうし、あくまでマンガの話なのではあるが。この主人公の元気な挨拶によって、登山者は自分の存在を彼に知らせることができている。登山という非日常、自然という抗うことができない環境の中において、命の危険性を人は無意識のうちに感じているのではないだろうか。

登山中に挨拶をした人の顔は、特に意識して注意しているわけでもないのに再度すれ違ったときには覚えていることが多い。登りと下りのすれ違いでの挨拶だけでなく、登り同士の人たちでも追い越したり先を譲ったりするときに挨拶をする。山では休憩を取りながら登るので、追い越して先に行った人でも、休憩中に追いついて再度顔を合わせることがある。高い山のほうがその回数も多い。だから知らない人でも一回挨拶していると顔を覚えている事が多い。もちろん下山でも同じ。街中で普通に歩いているときに、振り返って挨拶しない限り、先に追い越して行った人の顔は覚えられない。顔を覚えると、特にその場で交流するわけでもないが安心する。何が起こるか分からない自然の中で、少しでも多くの人に自分という存在を示しておくこと、また誰かがいるという安心感を得るために挨拶をするのではないだろうか。だから高尾山や富士山などの大勢の登山者がいるような山では自分以外の多くの人がいるという安心感があるので、挨拶の必要性がないのかも知れない。

人は登山を楽しみながらも、本能的に自分の置かれている環境・状況を判断して、自分の命を守るために他者との交流を図っているのかも知れない。無意識にコミュニケーションをとっている。大げさかもしれないけど、〝生きるため〟に山では挨拶しているのではないだろうか。人の心情として他人が困っているときに、印象の良い人に対しては協力したいと思うはずである。登山中に気分が悪くなっていたり怪我をしていたり、物を必要としている人がいた時に、さっきすれ違ったのに挨拶もせず無愛想な人よりは、元気に挨拶して言葉を交わした人の方を助けたいと思うのではないだろうか。もちろん、本当に困っている人がいたら心情関係無しに助けるだろうが、ちょっとしたことで助けるときには気持ちよく手を貸したいと思うだろう。また手助けされる方もより感謝の念を持つことができるような気がする。山の中ではちょっとした事が

穂高岳から望む槍ヶ岳

命取りになり、ほんの僅かなことで命が救われる環境に身をおいている状態なのだ。わずかな手助けだとしても、実はそれが命綱になるかもしれない。もちろん多くの登山者は事前にちゃんと準備して山に登り、自分の身は自分で守る、危険を冒さないように気をつけてはいるだろう。そうはいっても非日常、大自然の中では天候の急変や、登山道を間違えてしまうなど防ぐことのできない事態が発生したときに、わずかではあっても力を貸してくれる他人の存在が必要になる。登山での挨拶は、生きて帰ってくるための重要な登山者のコミュニケーションなのかもしれない。

今まで私は北アルプスには行ったことがなく、富士山を除いて三〇〇〇M級の山には登ったことがなかったのだが、一昨年の夏、仲の良いメンバーと穂高岳（三一九〇M）や剣岳（二九九九M）に登った。とても人気の山で登山最適時期でもあり登山者も多くいた。足元の危険な岩場が続くところが多くあり、剣岳では有名な「カニのヨコバイ・タテバイ」という鎖をつたっていく岩場がある。標高二八〇〇M以上はあるとても狭い登山道だけに、さすがに恐怖を感じた。登りと下りが同じ道なので一方が通りすぎるのを待って進まなければならない。鎖場では足元に集中して渡る。前方の人が渡りきるのを待ち安全だと思ったら進み、落石させて下の人が怪我しないように足をどこにかけるか注意する、といった具合に周りにいる人のことも考えながら登るのである。

命の危険性を感じながらも、登頂したときの達成感、日常では決して見ることのできない景色と味わうことのできない空気の美味しさ、そんな経験を同じグループの人だけでなく同じように登ってきた他の登山者達とも共有している。この共有の経験によって、登山者同士がまったく赤の他人と感じさせず、無意識のうちにでも挨拶しやすい環境になっているのかもしれない。さらに命を守るために他者とコミュニケーションに加え本能が働いているかも知れない。コミュニケーション下手だと思っていた私だが、山に登って毎回無事に帰ってきてこうして元気にしているのも、山で本能的にコミュニケーションがしっかりと取れている証拠なのだろうか。

キツイな、しんどいなと毎回思いながら再び山に向かうのは、やはり登頂したときの達成感、頂上でしか見ることのできない景色、共にしんどい思いをしながら登ってきた仲間と感動を共有できる喜びを知っているからだろう。頂上を目指している時は一緒に登っている人たちも、大変な山だと黙々と登ってはいるが、会話は弾んでくる。会話のきっかけになるのが、やはり景色が開けた時や、きれいな花を見つけた時に声をかける。また、気分が高揚してくると何かしら話をしたくなってくる。映画を観た感想を誰かに共有したいのと同様に山でもそうなのだが、やはりそこは非日常の辛い思い、めったに見られない景色なので尚更なのかもしれない。山という大きな自然に包まれて、ただ歩みを進める。頂から眺める壮大な地球の姿を前にして、人間の小ささ、自分の悩みの小ささを思い知らされ、自然と元気が出てくる。山小屋に泊まる時はさらに自然の中に身をおく感覚が得られる。寒い暗闇の中を見上げると、地上で見る時より近いところに満天の星空が広がっている。地平線から登ってくる太陽の輝きは格別で、早朝の山の寒さを溶かす日差しの暖かさが身にしみて感じられる。都会に暮らしていてもいつも星は瞬き太陽は輝いているのだけれど、忘れている。だからまた山に登りたいと思うのかもしれない。

また何と言っても山小屋で飲むビールは格別に美味しい。宿泊する別の登山者たちと酒を酌み交わしながら談笑することもある。実質的には感じてないが、本能的に危険な場所にいるという環境の中にいるせいか、お酒の力だけでなく誰に対しても許容力が増しているのかもしれない。この美味しいビールが飲めるのも、高い場所に食糧や燃料を運んでくる方たち、少しでも居心地良く安全に登山できるように山小屋を管理・提供してくださる山小屋の主人や従業員たちがいるからだ。自分ひとりで〈登山〉の醍醐味を味わえるのではない、一緒に登ってきた仲間、多くの人々が山にいるからこそであり、そういった人たちへの尊敬の

剣岳の岩場

休憩中の登山者

念を抱かずにはいられない。一人で登山することもあるが、ずっと一人ということはなく、やはり何かしらどこかしらで人との関わりがあるものだ。非日常で改めて人との関わり、支えられていることの有難さを思い出す。

人だけではない、山で見つけた小さな植物、名前も知らない花や鳥、小動物などとの出会いも登山の魅力だ。私自身が好きなものだが、岩場に咲いている花を見ると生命力の強さに心奪われる。また強い風に長年ふかれ続けられたのであろう、横流れに枝が成長した松の木に耐え忍ぶけなげさを感じてしまう。屋久島で朝もやの中、雑草を食べているシカに出会ったときは彼らの世界に迷い込んだかのような感覚になった。でも人間は勝手に、植物・動物たちが生存する世界に入り込んでしまっている。そして勝手に感動している。だからこそ出会えた自然に感謝し、最低限の山でのマナーを守り自然を守っていかなければならないと思う。人間と植物、鳥や小動物、もちろん互いが会話をすることはできない。でも登山を

十勝岳のリンドウ

しながら彼らの息づかいを感じ、共に「生き物」としての認識を実感できる気がする。忙しい都会の汚れた空気の中にいては〝生きている〟ことさえ忘れているかもしれない。

そんな山を下りるときは達成感の余韻に浸りながらも、せっかくココまで登ってきたのにというもったいなさや、出会えた人々・自然との別れに寂しさを感じる。でもやっと身を危険にさらさずにすむ日常に戻れるという安堵感も感じる。また下りはくだりで、下山後の一杯を目標に頑張れるのも事実、だったり。無事に下山できたとき、また一つ山を制覇した充実感とまた日常に戻っていく現実感は入り混じるが、やっぱり山に来て良かったと思う。一瞬かもしれないけど、悩みなんてなかったんじゃないかと感じる。今では「都会」にも良くも悪くも慣れてしまったが、やはり登山の計画を立てるとワクワクするし、次の目標の山があるからこそ仕事も頑張ろうと思えるようになってきた。

長期的ではあるが、日本百名山を登頂制覇することが私の目標の一つである。まだまだ沢山残っているので、これからも多くの登山者たちと出会うだろう。そして無意識のうちに多くの人と挨拶を交わすだろう。お互いが気持ちよく登山し無事に登山を終えるために、今までよりも元気な挨拶を心がけていこうと思う。

第十二章

一科学者のコミュニケーションあれこれ

我が家には、一羽のうさぎと四〇尾ほどのグッピーが同居しています。うさぎはオランダ起源のNetherlands dwarfで小さな、とても愛くるしく、オランダ（和蘭）に因んでラン（蘭）という名の女性です。二〇一二年の十一月には十一歳となりますが、人間で言えば百歳位の長寿です。畳一畳半のサークルの中で最近は眠ることが多くなりましたが、時々サークル内で飛び跳ねています。筆者と遊びたい時は筆者の顔をじっと見、サークルの扉に前足をかけて催促します。筆者が忙しく相手にできない時は、トイレの床網を口でくわえてアピールします。「ランちゃん、どうしたの」と扉を開けると跳んできます。時々一緒に横になると、多分楽しい夢でも見ているのか、クークーといびきをかいたりします。彼女は筆者と話ができないことから、いろんなアピールをして筆者とのコミュニケーションを図っているのだと思います。彼女の仕種を見ていると、いらいらすることがあっても心が和み、我が家では欠かせない同居生物です。一方、グッピーは割合広い水槽に住んでいますが、十数年間代々住み慣れた者ばかりです。グッピーの様子を観察していると、メスの体長はオスの二倍程あり、どっしりした感じです。一方、オスは背びれ、尻びれが長く、きらびやかな感じがします。しょっちゅうメスの周りにはオスが数尾まとわりつき、全身でアピールしています。その結果、外から加える必要もない位のグッピーの子孫が誕生している訳です。ある意味、人間の原点を彷彿とさせます。懸命に生きている姿に、家に帰ったら、すぐやることはグッピーに餌を与えることです。「ごめんね。今あげるからね」と言い、不幸にして亡くなった時は「ご苦労さん。今まで楽しませてくれて有り難う」といってそっと手ですくったものです。

かく言う筆者は後一年余で古希を迎える一人の自然科学者で、専門は植物生理化学です。植物は我々人間や動物・昆虫と異なり、生活の場所を移動することができないことから、周りの環境（光、重力、水分などの無機的環境と周りの生物との関わりといった有機的環境）の変化を鋭敏に感受して反応する機能を具備し、生命の維持や種の繁栄を図っていると考えられています。つまり、植物も周りの環境や他の生物と様々なコミュニケーションを取りながら生活をしているという訳です。筆者はこの植物のコミュニケーション（環境応答反応）に機能するコミュニケーション因子（化学物質）の正体やその機能発現における分子機構の解明を目指して四十数年余研究に没頭し、現在も大学の研究室で若い人達と一緒に〝生涯研究者〟の意気込みで何とか軟化した頭と硬化した体を動かして研究を続けております。本章では、一科学者として長年にわたって体験してきた様々なコミュニケーションについて具体的事例をもとに紹介したいと思います。筆者が体験してきたコミュニケーションの場面を読者の皆さんに想像し、ご自分の人生に重ね合わせていただき、皆さんの人生に少しでもお役にたつことができましたら誠に幸甚でありります。

一、昭和の時代の教授には威厳があった

仙台市の片平丁の一角に、現在も煉瓦建ての重厚な地上二階、地下一階建ての建物が有ります。その建物が昔の東北大学生物学教室でありますが、今はそこには教授も学生の姿もなく、正に「兵どもが夢の跡」であります。大学を出た後も何度か訪れましたが、その度に学生時代の様々な思い出と先生方や同級生の顔が浮かび、懐かしいと同時に胸にこみ上げてくる思いがします。

二階に筆者の研究指導教授の先生のオフィスがありました。ある日、学会で発表したいと相談するために、先生のオフィスを訪れました。緊張して、全身がガチガチになりながらも恐る恐るドアをノックしました。先生が「何だね」と仰ったので、中に入り用件をお話したところ、「君の発表内容を説明したまえ」と仰られました。研究の目的から始まり、実験の方法、実験結果と考察についてお話しました。説明に約一時間かかりましたが、筆

旧東北大学生物学教室

者は立ったまま、一方先生はその間タバコを何本か吸われ、一点を見つめておられました。「発表してもよろしい、細かい所は助手の先生と相談するように」と仰られました。今でも覚えていますが、とても威厳のある先生でありました。発表の許可が得られた喜びと共に、長時間一学生の話を聞いてくださったという感動さえ覚えたものでした。近年の雨後の筍のように大勢の教授が産出され、学生から友達と思われるのはまだ良しとしても、社会に出るため、単位を認定する単なるインストラクターとしか見ていない学生が少なからず存在するのを目の当たりにすると、昭和の時代の教授は威厳があったなーと回想します。

また、植物ホルモン及び植物生理学のバイブルとも言える "Phytohormones" がオランダ人の F. W. Went 教授とイギリス人の K. V. Thimann 教授によって一九三七年に出版されました。この中で約六〇〇報の世界で名だたる学者の論文が引用されております。その中で日本人の論文が一報だけ引用されていますが、それこそ先生が一九三六年に発表された論文であります。先生は正に日本を代表するだけでなく、世界の第一線でご活躍された学者であられたのであります。

学会では、著名な先生方の目の前で自分の研究を発表し、質問にも的確に答えることができました。筆者が学会で驚いたことは、ある大学の著名な先生が色のついた眼鏡をかけ、いろいろな人の発表には質問をしておられたのに、他のあるグループの研究発表が始まる直前に先生のところの学生数名を引き連れてドヤドヤと会場を後にする姿でありました。後で先輩に聞いたところ、あのグループはとても仲が悪く、いつもあのような光景が見られるのだと言われました。お二人の研究面での意見（科学的コミュニケーション）の対立に起因するのか、あるいは個人的なコミュニケーションが上手くいっていないのかは分かりませんが、初めて学会に出席した若造にとってはとても衝撃的な出来事でした。学会から仙台に帰って先生にご報告しました。もちろんずーっと立ち放しでありましたが、そうするものだと思っていましたから、何の疑問も覚えませんでしたが、ある日筆者にとって衝撃的なことを目撃しました。ある日先生のオフィスに伺うと、外国人が大勢入学している有名な私立大学から東北大学の大学院に入学された先輩がこともあろうに、先生の机に腰を掛けて話をされているではありませんか。先生は何故怒られないのだろうか、と思っておりましたが、数年経って筆者も一端の研究者になってから、先生にこの件について伺ったところ、苦笑されておられたので先生も心よしとは思っておられなかったのだとほっとしたものであります。この話は後述のオランダでの出来事のところでも触れたいと思います。

先生は定年でご退職後、東大から和光市の理化学研究所に研究の場を移した筆者に会われるために理研に来られました。お年はとられましたが、筆者が仙台にいた頃の先生の威厳は変わらず、筆者如き人間に会われるためにわざわざおいでいただいたのにとても恐縮したことが思い出されます。先生が確か山手線から何とか線に乗り換えられると仰られたので、筆者がそこまでお見送りしたところ「もう、この辺でいいよ。帰って研究に励むように。元気でな」と仰られました。その後、筆者が仙台に戻り博士の学位を授与された後、先生には筆者の結婚式の仲人をしていただき、ご逝去されるまでいつも励ましのお言葉を頂戴したものであります。筆者にとっては一生忘れることのできない威厳のある先生であられました。正に「仰げば尊し我が師の恩」であります。

二、地方大学の学生にも極めて優れた学生がいる

筆者は仙台で博士の学位を得、日本学術振興会の特別研究員等を経て、鹿児島大学で常勤講師として勤めることになりました。九州には九州大学があり、鹿児島大学の口も九大の人が決まっているのではないか、と思いつつも教授に勧められ、鹿児島大学に応募しました。応募者数は三五名と聞いて駄目だと思っていたら「貴殿の採用が教授会で正式に今日決定されたので赴任して欲しい」と自宅に鹿児島大学の主任教授から電話がありました。三五倍の競争率であったので我が耳を疑いましたが、とにかく鹿児島で頑張ってみようと鹿児島行きを決心しました。

鹿児島は近代日本の発進地でもあり、皆さんがプライドを持って生活をされていました。ただ、大学の先生方を見ると、のんびりし、学会でも九州から出たことはないという先生がかなりおられました。旧制帝大を出た人が地方に行くと、最初の年は何とかそれまでの研究成果を持って学会で発表できますが、二年目になると予算も少なく学会には参加するだけ、さらに三年目になると研究成果もなく、学会には恥ずかしくて参加さえできないという先輩方を見てきました。何とかしなければ、と思い化学、地学、英語、文化人類学や体育学の若い先生方を集めて七人会というグループをつくり、皆で力を合わせて、周りの空気に押しつぶされないようにそれぞれの分野で頑張っていこうということになりました。暫くすると、他の分野の若い先生方がどんどん入ってきて、教授会のメンバーの三分の一位にまで増えました。そうすると、どこでもアナクロニズムがはびこっているもので古参の先生方から反撃を受け始めました。一人去り、二人去りで結局最

後は十数人になってしまいました。しかし、皆さん努力され、それぞれの専門分野で名を挙げることができました。

筆者のところにはいつも何人かの極めて優秀な入学したての学生が出入りし、論文講読や実験に参加していました。理学部、農学部や歯学部のいわゆる理系の学生だけでなく、教育学部や人文学部といった文系の学生もいました。筆者がまだ若いということもあり、兄貴のような感じを持っていたのかもしれません。彼らの努力の結果、面白い研究成果が得られたので学会に発表させました。ところが、学会から帰ったら学内の著名な大先生に呼び出しをくらい「大学一年生に発表させるとは何事だ」と随分叱られました。筆者は「大学一年生であろうと新しい知見を得たのでありますから問題はないと思いますが、今後は慎重にいたします」と申し上げました。「今後は…」のくだりは赴任間もない頃とは言え、無念の一言でありました。いずれにしても彼らの熱心さは筆者がこれまで研究を行ってきた東北大学、東京大学、北海道大学や筑波大学等の学生と比較してもまったく遜色なかったと断言できます。筑波大学で筆者の研究スタッフで大学受験を控えた子どもさんをもった方が「有名な大学に入学できる人は将来が見通せるからいいですよね」と言いました。筆者は「そんなことはないよ。現に鹿児島で筆者の研究室に出入りしていた学生は今、国内だけでなく外国の大学で教授や准教授をしたり、農水産省の主任研究員、企業の社長や部長、高等学校の先生、医師、動物園の園長やテレビのアナウンサー等々、皆さんそれぞれの分野で大活躍をしているよ。大学の名前ではなく、本人や大学の教授陣の実力が重要なのだ」と言ったことがあります。要は学生本人の意気込みとそれに丁寧に対応・指導してくれる大学の先生方がいるということが重要だということです。

学生の熱意といえば、鹿児島でこのようなことがありました。毎週、土曜日の午前中は鹿児島大学の許可を得て、市内の公立の女子短大に生物学の非常勤講師として授業に行っていました。一般教養という位置づけであったこともあり、生物学に関連したホットな話題を中心に、大学を卒業した後も新聞やテレビで報道される科学記事について少しでも理解できるようにということを念頭に講義したつもりですが、そのことが学生に伝わったかどうかはわかりません。遺伝子やガン等について話しましたが、多くの学生はいわゆる文系の学生であり、講義だけではなかなか聞いてもらえないのではないか、と思い授業の途中に筆者自身の学生時代のこと、筆者の研究室の学生のこと（話題にのぼった学生は迷惑したのではないかと少し反省していますが）やオランダ留学のこと等を話すのですが、学生は雑談を始めるや否やペンを置いて一斉に身を乗り出して聞き入るではないですか。同大学の授業で講義室が満杯になるのは筆者の授業（出席はとりません）だけという話もありましたが、ある日教室に来ている学生数が聴講届けを出している学生数よりかなり多いのです。学生に聞いたところ、他の女子大学の学生も雑談を聞きに来ているというのです。良いのか悪いのか分かりませんが……。彼女らが雑談だけでなく、学問にも極めて熱心であることが分かった出来事がありました。鹿児島大学で遺伝子に関する授業で多少数学的な思考を必要とする遺伝子解析の問題を学生（約二〇〇名）に解かせ、できた者は手を挙げるように言ったところ、数分後数人の女学生が手を挙げたのです。その解答の速さに多くの学生はびっくりして彼女らを羨望の眼差しで見ていました。彼女らの回答は正解でしたが、問題は彼女らの素性です。彼女らは鹿児島大学の学生ではなく、筆者が非常勤講師で行っていたかの女子短大の学生なのです。聞いたところ、鹿児島大学ではどのような講義をしているのか興味があったことと、遺伝子解析には非常に関心があって勉強していたので講義を聞きに来たというのです。このようなことは、その後いろいろな大学で講義をしてきましたが、後にも先にも鹿児島での出来事のみです。地方の時代というのは数十年前からあったということであります。

筆者が定年で退職する数年前に、大学が法人化するということで筆者は「法人になんかなったら、基礎研究を大事にする大学の理念から外れ、企業の真似事をするようになったら大学は終わりだ。反対の声明を出すべきだ」と主張したところ、「長谷川先生の言うとおりにしたら、本大学が損をするので反対だ」と言われました。筆者以外の教授陣で筆者に賛同する人は一人もいませんでした。学問の府、大学の理念・本分等については数十年前、全国の大学で噴きだした安保闘争、成田闘争、大学立法反対闘争や原発反対闘争等とも関連し、大勢の大学人が熱心に討論したものであり、あの頃のことが悲しくも思い出されます。

三、オランダ留学中の体験

二十年程前オランダに二度留学いたしましたが、その間なかなか日本では経験できないようなエピソードがありました。いくつか紹介したいと思いますが、一つは筆者のボス（近年の日本では大学が増えたこともあり、研究者としての実力に頭を傾げたくなる教授が少なからずおられますが）についての話です。オランダでは教授は大きな組織に一人で、正にボスという存在であります。大変な親日家で日本人である筆者にいつも目を掛けてくれました。週末になりますと、筆者が暮らしておりましたホテルに迎えに来られ、ボスの家に連れていってくださいました。我々とは格の違う教授ですので、給料も日本のプロ野球の選手と同じ位で、住んでおられる家と言えば森の中にあり、敷地に入ってから家に着くまでに車で数分かかるといった具合です。話は、ボスの接待振りです。まず、家に着きますと奥さんが玄関に出て来られ、中に入るとボスが筆者のコートを取ってくれ、ハンガーにかけてくれました。玄関には筆者が以前プレゼントした置物が飾ってあり、君のことを忘れないでいるんだぞ、と言ってくれているようでした。「日本人は何故鯨を食べるのだ、鯨は猿と同じで頭の良い哺乳類ではないか」とか「東京駅の建物はオランダのアムステルダムの駅を見本に建てられたのだ」とか、いろいろな話をしながら食事をしました。紹介したいのは、食事の後の事です。ボスは前掛けのようなものを腰にまき、腕まくりをしながら食器を洗いはじめたのです。一方、奥さんは編み物をしだしたではありませんか。暫くすると、ボスがコーヒーをもってきました。すぐ飲むのかなと思い、口にすると二人がちらっと筆者をみたのです。想像するに、例え客であっても奥さんが口にしてから、飲むということのようです。食事のことで言えば、ボスのスタッフで世界的に著名な植物生化学者のドクター（日本でいえば昔の助教授、今の准教授に相等します）が筆者の共同研究者でありましたが、そのドクターの家ではこんなことがありました。分厚いステーキがテーブルに運ばれてきました。当然筆者が客なのだから最初に筆者の皿にステーキが配られると思いきや、奥さん、娘さん、その次に筆者、その息子、最後にドクターの皿にステーキが配られたのです。車から降りる時も、自分のそばのドアを開けて出たらよいのに、運転手であるドクターがさっと降りて、奥さんのドアに手を掛けてから、ゆっくりと車から降りるといった具合です。日本の女性がこのような外国の風習を体験したら、日本には帰りたくなくなるのではないかと内心「日本に生まれて良かった」とまでは思いませんが、正にレディファーストなのです。

二つ目はこのドクターの家族との話です。ドクターには二人の子どもがいました。最初にオランダに行った時は、まだ二人とも小さく、よく「コージ、コージ」と言われ、何だ子どものくせに人を呼び捨てにするのかと腹が立ったものですが、ここは日本じゃないのだと自分に言い聞かせて我慢していました。特に小学生の息子は筆者と遊ぶのが好きなようでよくゲームをしました。筆者は負けるのが嫌いなものですから、つい本気を出してしまう結果、彼が大泣きをするのです。また、中学生の娘が筆者に自分の名前を日本語で書いて欲しいというので漢字、ひらがなとカタカナを書いてやると、学校に行って友達に見せてやるのだととっても喜んでおりました。ただ、ひらがなとカタカナは彼女も真似て書けるのですが、漢字はとても難しく、よく日本人は三通りも書けるものだと驚いておりました。日本では小学校から沢山の漢字を覚えるのだというと、頭を横に振りながら両手を開いてオーノーとドラマ等で見かける例のポーズです。確かに外国語は基本的にはアルファベット二六字の組み合わせですが、日本語は五一字の組み合わせだけでなく、一見似たような漢字でも意味が違ったりと、ドクターがその種類は天文学的な数字ではないか、と娘と同じようにオーノーでした。

三つ目は、最初の東北大学での話の中で、教授の机に腰を掛けて話をしていた先輩のことと関連する話です。ドクターがある日「今日学生に口頭試問をするけれど、コージ見るか」というので廊下から彼のオフィスを覗いていました。そこに身の丈一九〇センチメートル位の大男の学生がオフィスに入って行きました。ドクターの机の前の椅子に座って、何と足をくみ、ドクターの机の上に靴先をかけるではありません

か。ドクターは気にもせず、オランダ語でいろいろ質問し、学生もそれなりに答えていました。質疑応答が終わり、学生がオフィスから出て来、廊下にいた筆者を見てウインクをして帰って行きました。筆者が大学院の時に教授のオフィスで見た光景と似たものでありました。あー、外国では目上の人の机に腰をかけたり、足をのせても何ともしない文化があるのだなーと思いました。暫くすると、今度は一八〇センチメートル位の大変美形の女子学生がオフィスに入って行きました。女子学生はさっきのような行動はしないだろうと見ていたら、短いスカートをはいた彼女も先程の男子学生と同じことをやるではありませんか。筆者の頭の中は真っ白になりました。ただ、次の学生は足をドクターの机にあげずに椅子にちゃんと座って答えていたので少しほっとしましたが、文化・習慣の違いにビックリしたものでありました。数人の学生の口頭試問が終了した後、ドクターに机に足をあげることについて聞いたところ、日本を含め、様々な国の文化・習慣に精通している彼は「コージはびっくりしただろう。もちろ

んあまりほめられたことではないな」と言ってくれたので少しは平静に戻ったような気がしました。

　四つ目は、研究室のテクニシャン（技術員）とのことであります。何人かのテクニシャンが働いておりましたが、その中の一人の身の丈一八〇センチメートル位の女性で美形のテクニシャンが「私達は毎週金曜日の夜は皆でバレーボールを楽しむのだが、コージも来てみないか」と誘われました。ことスポーツには少々自信があったので参加することにしました。男性と女性に分かれて試合をしました。「日本の東洋の魔女の話は有名だ。コージもグッドプレイヤーじゃないのか」と言われ、少し鼻高々で試合に入りました。筆者と同じ位の背丈の女性が前衛にいたので、チャンスボールとジャンプしてボールを打ったら、筆者の手より数十センチメートルも上に彼女の手があるではありませんか。当然、簡単にブロックされ、点を取られてしまいました。こんな筈がないと何度か同じ場面がありましたが、すべて同じ結果になりました。筆者はようやく気がつきました。身長は同じでも足の長さがとても違うことに。そう言えば、いつもオランダ人と立って話す時、首が痛くなる位見上げていました。コーヒータイムで、椅子に座って話す時は同じ海抜でひょっとすると見下ろして話をしていることに気がついたのであります。ただ、筆者が、これまでボスの研究室を訪れた日本人の中で最も大きかった（当時身長一七四センチメートル）ことからビッグボーイと言われておりました。バレーボールをした翌日、一緒にプレイしたテクニシャンがドクターに「コージはグッドプレイヤーだった。また、今度一緒にやろうと思っている」と言っていましたが、筆者がバレーボールのコートに立つことはありませんでした。また、ある日、もう一人の男性のテクニシャンにえらく怒られたことがありました。日本では分析機器が故障した時、筆者は自分で直したものでしたので、オランダでも同様な場面で筆者が直していると彼が走ってきて、何やらオランダ語でまくしたてるではありませんか。ドクターも聞きつけて走ってきたので「彼は何を怒っているのか」と尋ねたところ、「コージ、彼は君の研究の補助をする立場で、機械が故障した時、その修理は彼の仕事なんだ。彼は自分の仕事を取られたと言って怒っているのだ」と言うのです。ワークシェアリングという言葉がありますが、オランダで始まった、個々の人達の給料は少なくなるが多くの男女が仕事を分担して労働する形態のことであります。正に、これを地でいった話であります。

日常的なエピソードだけでは留学ではなく、遊学だったのではないかと疑われるといけませんので研究についても紹介したいと思います。オランダでは様々な研究を行いましたが、その一つ、ヒマワリの芽生えから、光照射で生成する成長抑制物質を取り出し、その化学構造を明らかにするという研究についてであります。大量のヒマワリ芽生えを有機溶媒で抽出し、その抽出物から目的の化学物質を取り出す仕事であります。抽出物には沢山の物質が混ざっているので、一・五メートル位の長いガラスカラムにシリカゲルという粉末を充塡して、そこに抽出物をのせて、有機溶媒を流して物質を分離するというものです。ボスの研究スタッフには生化学、植物生理学、植物分類・形態学、分子遺伝学、統計学や工学等の専門家が大勢いましたが、誰も物質の分離をやったことがなかったようで、筆者がカラムを組み立てて実験を始めると大勢の研究者が見学にきて、見事に分離する様子を写真に撮ったり、随分感心していたようでありました。筆者はこれまでの研究生活を振り返ってみると、仙台、東京、和光、鹿児島、北海道、つくば、そしてオランダと随分いろいろな所で研究を行ってきましたが、不思議なことにどこに行っても研究はうまくいき、様々な学術上極めて重要な発見をすることができました。もちろん、筆者と一緒に研究をしてくれた優秀なスタッフがいたからでもありますが。様々な精製手段を駆使して目的の物質をそれぞれ単一物質として取り出すことに成功し、その内の一つがNMR等のスペクトル解析からナイロンの前駆物質であるカプロラクタムであることを発見しました。この物質が天然物であることはもちろん、光照射で植物体内で生成する植物成長抑制物質であることは世界で初めての発見でありました。植物がナイロンを製造する能力を有する可能性が示唆されたのであります。そのことはあっという間に様々な研究者に知れ渡り、知らない研究者からアプローチを受けたものでありました。光照射によって植物体内で生成する成長抑制物質の研究は、その後日本で光屈性（植物の芽生えに横から光を当てると、芽生えが光の方向に屈曲して成長する現象）の研究へと発展し、教科書にも載っている従来の仮説を覆す、新しい仮説を提唱するに至りました。研究の話を続けますが、最初にオランダに留学した頃は、日本ではまだ、手動のタイプライターを使い、間違った時は修正のテープを打ちつけていた時代でありました。もちろん、現在のようなパソコンで論文を作成するという時代ではありません。ところが、オランダでは既に電動のタイプライターが使用され、さらに何やらテレビのブラウン管のようなものを前にしてキーボードを叩いている研究者もおりました。パソコンであります。日本のほとんどの大学にはない研究環境を見て、日本は相当頑張らないと太刀打ちできないと思いました。ところが、そこはうまくしたもので、オランダの研究者は極く少数の研究者を除いては、平日は確かに朝八時頃には出勤しますが午後五時頃には帰宅します。週末になりますと、まだ、研究を続けている筆者に向かって「ナイスウエケン」と言ってウインクしながら手を振って帰宅するのです。もし、彼らが日本人と同じように夜遅くまで研究したとしたらどうなるかと考えた時、冷や汗が出てくるような思いがしました。

また、オランダではこんな経験もしました。スーパーに行って買い物をした時、レジのお嬢さんが筆者の前までの人がオランダ人であったので当然オランダ語で対応していましたが、筆者の番になったら英語で応対してくれるではありませんか。筆者の後ろに並んでいた人はフランス人でありましたが、筆者の支払いが終わると、今度はフランス語で応対し始めたのであります。びっくり仰天であります。そのことをドクターに話したら、彼は最初は英語で話し、頭を横に振って今度はフランス語で話し「オランダはいろいろな国と隣り合わせだから、大抵のオランダ人は何カ国語も話すのだ。ただし、こうして頭を振ってね」とユーモアたっぷりで説明してくれました。いやはや、驚きの連続であります。

オランダのことについてはどうしても触れておかなければならないことがあります。それは昨年三月十六日にオランダのボスから来たメールであります。

My dear Koji, Hans and I, we are greatly concerned about the present situation of you, your family and the institute because of the very serious information from your area after the earthquake, tsunami and problems with nuclear plants. We hear of dramatic destruction with many deaths and people still missing, of lack of water and nutrition, and of danger of radioactive contamination. We very often think of you and of your people in general and we are longing for a word from you if possible. Be assured, dear Koji, of our warmest sympathy and regards.
Johan.

恐らく、東日本大震災のニュースを見て、くれた見舞いの手紙です。筆者は、福島の原発から二〇〇キロ

オランダのボスと筆者

メートル位離れているから、地震の揺れは酷かったが、放射能の心配はない、と返事をしました。ところが実際はかなりの放射能がつくばにも飛散していたことが後から分かり、大丈夫だと言ってきた政府や気象研究所等の対応の酷さには呆れるばかりです。筆者も停電や断水のため、事故後、給水車の前に数時間も並びました。乳幼児をおぶった親子も並んでいました。多分あの時間帯にもかなりの放射能が飛散し、程度は低くとも被爆したのは間違いのないところです。並んでいた乳幼児達の将来に対して誰が責任を取れるというのでしょうか。筆者のメールに対して三月二四日、四月十五日とボスからメールが有りました。どうも福島から大量の放射能が飛散し、さらに海洋に垂れ流されていたことをニュースで知ったようで、本当にコージが住んでいるところは安全なのか、何かできることがあったら遠慮なく言ってくれ、といったメールでありました。筆者とボスとは毎年数回メールやカードを交換していますが、オランダに留学して二十年近く経ても筆者だけでなく筆者の家族のことまで気づかってくれるボスに感謝しているとともに、いつまでもこのような良好なコミュニケーションを維持していきたいと考えています。と同時に、ほとんどの国民はそのような事実はないと知らされていましたが、原発から大量の放射能が垂れ流され、近隣の国々の人々だけでなく、人類を含め地球上の生物の生命に多大な影響を与え、これまで一定のバランスがとられてきたコミュニケーションを破壊しつつあることは忘れてはならないことであります。

四、ドイツでの希有な体験

前述の光屈性の研究が評価され、一九八七年西ベルリンであった「国際植物科学会議」に招待され、講演する機会に恵まれました。まだ、西ドイツと東ドイツに別れていた頃であります。少々緊張しながら無事講演を終え、エクスカーションで東ベルリンに行った時のことであります。バスに乗車する前に、西ベルリンの壁のそばに作られた物見やぐらで大勢の人達が東ベルリンの様子を望遠鏡を通して見ていましたが、筆者は何故かそこに登って見ようという気は起こりませんでした。ドイツは日本と同じ第二次世界大戦で敗戦した国であったためかも知れません。東西の壁があり、その中央のブランデンブルク門を通る際、筆者らが乗ったバスの車内・外が兵士によって三〇分以上にわたって調べられ、漸く東ベルリンに入りました。我々の前に現れた光景は目を疑うものでありました。西ベルリンの建物がカラフルであったのに対し、東ベルリンのそれはモノクロの世界でありました。同じ貨幣（マルク）が東ベルリンでも使えるということでコーヒーを飲んで勘定を済ませたところ、何かおつりの貨幣の重さが違うことに気づきました。少しでも経済を

ベルリンのブランデンブルク門東西の壁

潤すためにやっているんだなーと思いました。建物はモノクロでも、周りには大きな金色の像が立ち並んでいました。スターリンの像であったのかも知れません。西ベルリンと周りの景色は異なるものの遊んでいる子供達の様子は東と西で差は感じられませんでした。ベルリンの東西の分断については、後でも述べることにします。

東から西へ帰るバスで、例の門で大変なことが起こりました。バスがすぐ発車できないように、バスの前には大きな車両が止められ、若い兵士がバスの中に入ってきました。パスポートを持って、乗車している人数と照し合わせるために一人一人チェックしにきました。ところがどういう訳か筆者のところを通り過ぎていったのであります。当然、人数とパスポートの数は違います。筆者の近くにいたアメリカの研究者達はそのことに気づいていたのでどうなるのかニヤニヤしながら見ていました。兵士は慌てて、筆者のところに来ました。筆者が「君が私の前を通り過ぎて行ったじゃないか」と言ったところ、ドイツ語で侘びて「皆さんどうぞ良い旅を」といってバスを降りて行きました。みんな顔を合わせて「彼、大丈夫だろうか」と言っていました。あの兵士が軍から咎められなければよいなーと思いながら、バスは門を通り過ぎ、西ベルリンに帰ってきました。

ドイツのことで言えば、フランクフルトからシンガポールを経て、日本に帰ってくる時のことであります。筆者の隣にドイツ人の老夫婦が座りました。あまりうまく英語を話せない同士ということもあり、いろいろな話をしました。異文化コミュニケーションであります。彼らは「ドイツはあの戦争で東と西に分断され、今も上空は四カ国に占有されドイツの飛行機は飛んでいないけれど、日本は広島と長崎に原爆を落とされてもっと大変でしたね」と言ってくれました。あの頃、形の上では沖縄は本土に復帰したものの、依然として米軍が闊歩している状態でありましたが、ドイツのように民族が二つの囲いの中にそれぞれ閉じ込められていることを考えれば、日本はまだ、よいのかも知れないなと思いました。ドパイで給油のため、乗客は空港ターミナルにバスで向かい、いろいろな展示物をみることになりました。暫くして、場内放送でシンガポール行きの飛行機の乗客はバスに乗るようにと指示がありました。筆者は他の乗客と一緒にバスに乗り、飛行機の座席に座りました。隣のドイツ人の夫婦はまだ来ていません。どうしたのかと思っていたら、乗務員が慌ただしく「ドイツ人二人がいない」といって騒ぎ始めました。筆者は「もしかしたら彼らは場内放送が分からなかったのではないか」と乗務員に話をしたら無線でターミナルと連絡をしているようでした。暫くして、滑走路に老人二人が走ってくるではありませんか。息を弾ませながら、夫婦が隣に腰かけました。やはり、英語の放送を理解していなかったようであります。彼らはオーストラリアにいる子供に会いに行くのだと言っていました。最後は握手をしながら「良い旅行を」と言って別れました。彼らはちゃんとオーストラリアの子供に会えるのだろうかと心配しつつ、筆者は帰国の途についたのであります。その後、ベルリンの壁は壊され、ドイツは統一されました。もちろんドイツの飛行機が上空を飛ぶようになったのであります。

五、学会における学術的コミュニケーション

読者の皆さんの多くは、学会と言うと研究者が、素人には分からない難しいことを発表し、激しい討論が交わされる場と考えられておられると思います。多くの学会ではそのとおりですが、学会によってはそうでないことも見受けられます。筆者がかって所属していた学会でのことであります。植物が光の方向に屈曲・成長する現象・光屈性に関してであります。当時の高校の生物の教科書では植物ホルモンのオーキシンが光と反対側に横移動する結果、影側の成長が促進されて屈曲するという、有名な〝Cholodny-Went 説〟が記述されていました。ところが、近代的な機器分析を用いた筆者らの研究グループの精密な実験によって、オーキシンは光側と影側で均等に分布することが明らかになりました。さらに、光側の成長が抑制され、一方、影側の成長率は光を横から照射する前と変わらず、影側の成長促進は起こらないことが分かり、従来の仮説〝Cholodny-Went 説〟を覆す、新しい仮説〝Bruinsma-Hasegawa 説〟を提唱したのであります。また、光照射された側で作られる植物成長抑制物質の化学構造を明らかにし、この物質が光側の成長を抑制するこ

とで屈曲すること等も明らかにし、筆者らの仮説の正当性を様々な国際学会誌に発表したのであります。この仮説は学会の重鎮が出版されていた学術書も覆す内容でありますので、学会はそれは大変な一大事であります。そこで計画されたのが、これらに関するシンポジュウムであります。筆者に招待講演するように要請があり、発表の準備をしていた頃、ある大学の著名な先生から電話が入ったのであります。「ある先生方が長谷川さんのことを懲らしめるために計画されたシンポジュウムですよ」というご忠告がありました。急遽様々な実験をし、筆者らが主張する仮説の正当性を証明する証拠の積み上げをして、学会に臨みました。ちょうど数週間前に、筆者の新仮説についてある大手の新聞社の記者が筆者に取材に来ていましたが、彼もシンポジュウムを聴講することになりました。当日は、その学会としては珍しく、会場は立ち見の人たちがいた程、いっすいの余地もない位の盛況ぶりでありました。シンポジュウムでは筆者の主張の正当性を様々な実験データを示しながら講演いたしました。質疑応答の時間になりました。前述の色の入った眼鏡の先生等が座長をさ

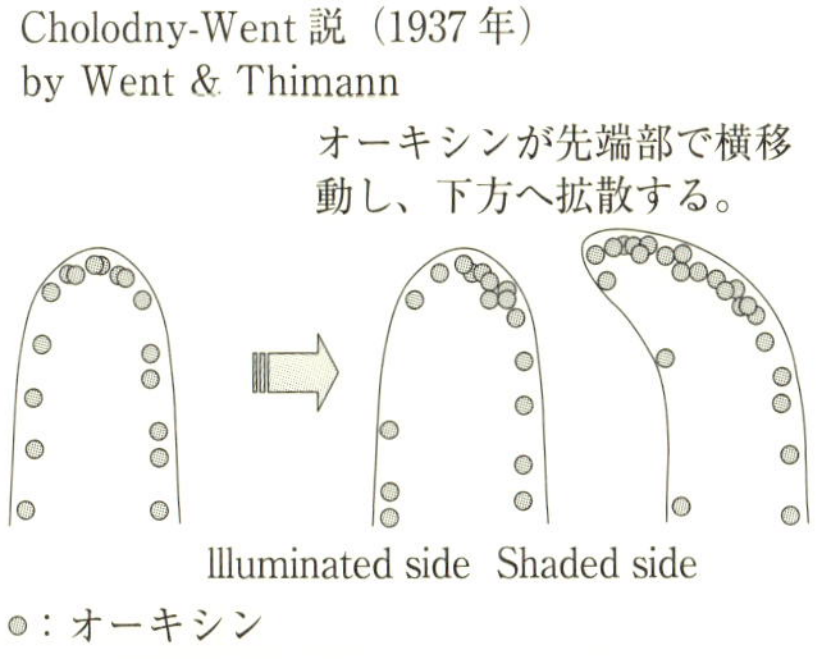
Cholodny-Went 説（1937 年）
by Went & Thimann
オーキシンが先端部で横移動し、下方へ拡散する。
llluminated side　Shaded side
○：オーキシン

図１　近年まで定説となっていたオーキシン横移動説

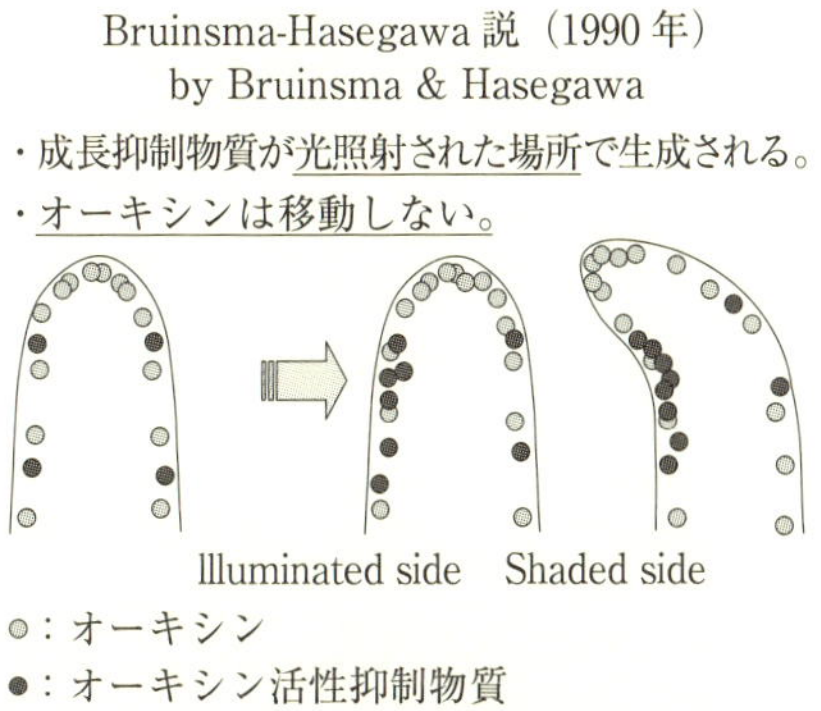
Bruinsma-Hasegawa 説（1990 年）
by Bruinsma & Hasegawa
・成長抑制物質が光照射された場所で生成される。
・オーキシンは移動しない。
llluminated side　Shaded side
○：オーキシン
●：オーキシン活性抑制物質

図２　成長抑制物質説

れましたが、筆者が様々な質問に答えようとしたとたん「時間になりました。この続きは次回の学会でやりましょう」と結んだのであります。筆者にとって極めて不公平な措置で大変憤りを感じましたが、反対する者はおらず、閉幕となりました。かの新聞記者は「いろいろな学会を取材してきましたが、討論が一方的に終わったのは初めてみました」と大変驚いていました。この学会のシンポジュウムはこの時だけでなく、シンポジュウムという名が泣く、十分な活発な討論を許さない馴れ合いとしか思われないものが続いていました。現在はそうでなく、学会本来の闊達な討論がなされていることを願っておりますが。

六、異分野研究者間のコミュニケーション

数十年前から筆者は主に化学分野の研究者と共同研究（科学者間コミュニケーション）を続け、多くの学術上極めて重要な研究成果をあげることができました。最初は鹿児島大学にいた時で、理学部化学の教授をなさっていた先生と共同で様々な研究をすることができました。先生は筆者より二〇歳程上の方で大変著名な方でしたが、いつも対等にお付き合いをしてくださいました。忘れられないことの一つとしてこんなことがありました。先生との共同研究で得られた成果を、確か東大で開催された学会で発表した時のことです。当時は飛行機で行くことは許されておらず、夜行列車で行ったのですが、筆者がその列車に乗ることは先生にはお話していなかったにもかかわらず、発車数分前に先生が走って筆者のところに来られ「実験を繰り返したところ、データはまったく同じであったので間違いありません」と仰られたのです。息せき切ってまで

新技術事業団水谷植物情報物質プロジェクトグループリーダーの頃の筆者

も、若輩の発表のために実験結果をご報告くださったことには本当に頭の下がる思いがいたしました。先生との共同研究は筆者が北海道に研究の場を移すまで続けさせていただきました。今でも忘れられない身に余る共同研究であったと思います。鹿児島を離れる頃からは、慶応大学理工学部の著名な教授の先生と共同研究をさせていただきました。この先生は筆者より一〇歳位上の方で、筆者が筑波大学で定年を迎えるまで長期間共同研究をさせていただきました。この先生も鹿児島大学の先生と同じで、若輩の筆者にいつも対等にお話をしてくださり、数多くの極めて重要な研究成果をあげ、多数の学術論文を国際学会誌に発表することができました。また、北海道では当時北海道大学の教授をなさっておられた先生が主催された超大型のプロジェクトに呼んでいただき、三年程ご一緒に研究をさせていただきました。この先生も筆者より一〇歳程上の方ですが、前述の西ベルリンでの国際植物科学会議の折、レストランで食事をしていた時、偶然先生は筆者の斜め前の席で食事をされておられ「日本から来られたのですか」とお声を掛けてくださったのが出会いの始まりでした。翌日筆者の講演を聞きに来られ、その晩日本レストランで随分高価な食事を御馳走になったことが昨日のように思い出されます。この先生も前述の先生方と同じで、研究に対しては非常に厳しく極めて真摯でおられ、尊敬すべき大先生でありましたが、筆者にはいつも同じ目線でお付き合いしてくださいました。筆者が、研究に対する先生の姿勢に大変感銘を受けたことがあります。先生は外部からお呼びした著名な講演者だけでなく、若い研究者の発表でもいつもノートと筆記用具を持ってこられ、熱心にノートを取っておられたお姿を拝見いたしました。なかなかできないことです。専門分野の異なる研究者間の共同研究は長続きしないと言われていますが、それは研究者間の上下関係や学術論文の発表の仕方等に起因するのではないか、つまり良好なコミュニケーションを維持できないことに起因するのではないか、と思われます。その点、筆者は幸運にも素晴らしい先生方とめぐり合うことができたことに人生の機微を感じます。

七、集団的コミュニケーションの怖さ

筆者は科学者ゆえのことか、物事を斜めから見る癖があります。つまり、職業柄原理・原則を大事にしつつ、何が真実なのか、といった絶対的思考から研究を続けてきたためか、我々の周りに起こっている事象についてもそういった観点から見てしまいます。特に国内外で起こっている事象についてマスコミュニケーションからもたらされる情報は真実なのかと思ったりします。ここでは二つの事象について触れたいと思います。

一つ目はイラク戦争のことです。核兵器を開発しているとの理由でアメリカとイギリスが主体となってイラクを爆撃しました。日本政府はいち早くアメリカの大儀を支持しましたが、戦後当初存在が確実視されていた大量破壊兵器なるものはまったく存在しなかったことが明白になりましたが、日本政府もほとんどのマスコミも、イラク国民にとって取り返しのつかない位の民族分断、大量の戦死者、さらに国土・建物の破壊等に対してまったく謝罪も反省の弁もありません。まさか、大儀のない爆撃で破壊しておき、その復興に多くの戦勝国が自国の経済浮揚の場と考え殺到しているということはないと信じたいと思います。アメリカをバックにＩＡＥＡがイラクの査察に入り、様々な場所、最後には大統領宮殿までも徹底的に調べ、軍事的拠点の地図まで作製し、自軍がまったく反撃されないような詳細な情報を得て、総攻撃に及んだのが真実ではないでしょうか。政府はもちろん、真相を報道し、非難すべき立場であったマスコミのこの体たらく振りはいつから始まったのでしょうか。現役の頃、教職員組合のなかった大学に組合を作ろうとその旗振りに参加しました。しかし、しばらくして起こったイラク戦争にはまったくの無関心で戦争反対の意思を示めそうともしない組合から脱退しました。東日本大震災に対する日本人の行動のところでも述べましたが、日本人に染みついた慣習や文化に基づく権威を疑問視しない、反射的な従順性、集団主義、島国的閉鎖性等を利用して、世論を誘導している巨大な組織・集団が存在しているのではないかと心配しています。

二つ目は最近与党から離党し、新党の代表者になった政治家についてであります。あの方の行動には賛否がはっきりしていて、何があろうとも絶対嫌いだという人（八〇パーセント強）と信者のように絶対支持するという人（二〇パーセント弱）がいます。筆者が問題にするのは、そういった好き・嫌いではなく、テレビや新聞等の大手のマスコミがこぞって彼をバッシングしているのではないか、とさえ思われることです。象徴的なことは、ほとんどのテレビが家庭の奥様連中を始め多くの大衆を相手にする番組で五〇〇〇万円の紙幣が入ったと想定される紙袋を持ってその袋の大きさや重さを番組の有名キャスターが仰々しく視聴者に示し、この袋を二つ、かの政治家の秘書に建設業者がある有名なホテルのロビーで渡したというのでありま す。いくら、かの政治家がもらっていないといっても、それは嘘である。しかも、建設業者がもよりの駅に乗り降りしたことを示す電車の切符も存在するというのであります。もし、そうであれば、この政治家は違法献金どころか収賄罪で逮捕される筈であります。今時、監視カメラのついていないホテルがない訳がありません。しかも有名なホテルのロビーであります。渡している映像が存在する筈です。本当にそうなのかなーと思ったのは筆者だけでなかった筈です。問題を正確に直視する習慣をもった人は少なくない筈です。しばらくして、そのような事実はまったくなかったということで逮捕されることはありませんでした。ところがあのようなテレビ映像は筆者のように物事を斜めから見るのでなく、極々普通に報道をそのまま信じて見ている視聴者の脳裏から、その後間違いであったことが分かったとしても消し去ることはできないのであります。しかも、かのテレビや新聞は一切謝罪や訂正をしないのであります。正に集団的コミュニケーションの怖さであります。もちろんこれらのマスコミの裏にも我々には想像つかないような組織が存在するのでしょうが、同時にこぞって政治の場から抹殺・追放しようという輩に立ち向かう、かの政治家の揺るぎない極めて強靭なコミュニケーション力には、ただただ恐れ入りますの思いであります。

以上筆者が研究者として四十数年の間で様々な場面で体験してきたコミュニケーションについて紹介し

ましたが、読者の皆さんにはどのように感じられましたでしょうか。私も筆者の考え・行動に共感を覚えるとか、いやいや、筆者のそれにはまったく共鳴を受けないとか、様々な正に読者の皆さんと筆者との間である種のコミュニケーションが形成されたとしたら、望外の喜びであります。

執筆者紹介

（執筆順・敬称略）

井上　進（いのうえ　すすむ）　第一章

丸和バイオケミカル（株）専務取締役

鹿児島大学農学部園芸学科果樹園芸卒

学士

田﨑知恵子（たざき　ちえこ）　第二章

日本保健医療大学保健医療学部看護学科准教授

川村学園女子大学大学院修士課程修了

修士（教育学）

主著：「ムコ多糖症児の親が抱える健康上の問題―質問紙による身体自覚症状の主観調査から―」（共著）『東京学芸大学紀要』第六一巻　二〇一〇年

「学齢期の子どもをもつ母親の身体活動に関する研究―運動不足感・運動習慣の有無と健康状態の自覚」（共著）『共立女子短期大学看護学科紀要』（四）二〇〇九年

「子どもを育む地域を育てる看護」（共著）『小児看護』へるす出版、二〇〇九年

山本　俊光（やまもと　としこう）　第三章

三井中央高等学校（理科）講師

福岡大学人文科学研究科教育・臨床心理専攻修了

博士（農学）

主著：長谷川宏司・広瀬克利編著『博士教えてください―植物の不思議』（共著）大学教育出版、二〇〇九年

東中須恵子（ひがしなかす　けいこ）　第四章

日本保健医療大学保健医療学部看護学科教授

筑波大学大学院生命環境科学研究科博士課程修了

博士（生物工学）

主著：東中須恵子・塚本一編著『実践　自己決定を支える精神科医療現場』大学教育出版、二〇一〇年

長谷川宏司編著『多次元のコミュニケーション』（共著）大学教育出版、二〇〇六年

塚本一・東中須恵子編著『心を病む人とのコミュニケーション―医療現場からの提言―』大学教育出版、二〇〇四年

藤崎香奈子（ふじさき　かなこ）　第五章

第一学院高等学校浜松キャンパス教員

筑波大学大学院生命環境科学研究科博士前期課程生物資源科学専攻修了

修士（農学）

石田　匡志（いしだ　まさし）　第六章

鹿児島大学教育学部音楽専修講師
東京芸術大学大学院音楽研究科作曲専攻修了
修士（音楽）
主著：「組形式作品における書法と構成技法について―『組曲第1番』における―」『鹿児島大学教育学部研究紀要』第六〇巻　二二五―二三六頁、二〇〇九年
「創作指導における一考察」『鹿児島大学教育学部教育実践研究紀要』特別号　五号　二九―三四頁、二〇〇九年

岡村　重信（おかむら　しげのぶ）　第七章

鹿児島国際大学国際文化学部音楽学科教授
南カリフォルニア大学大学院修士課程（音楽学部）修了
修士（音楽）
主著：「シューベルト即興曲 D899―演奏解釈と演奏準備法―」『鹿児島国際大学研究紀要』八一号　六七―八二頁、二〇〇九年
「ピアノ教本研究法」『鹿児島国際大学研究紀要』八二号　八三―九四頁、二〇〇九年
活動：ピアノ指導法講座を定期的に開催
ピアノリサイタル（日本・アメリカ）

細野　稔人（ほその　としひと）　第八章

彫刻家、日本美術家連盟会員、社団法人二紀会彫刻部委員
新潟大学教育学部卒
学士
受賞歴：二紀展にて菊華賞、文部大臣賞など受賞
作品発表：第14回ビエンナーレ、インターナツォナレダンテスカダンテヨーロペオ出品(イタリア・ラベンナ)二〇〇三年
文化庁主催現代美術選抜展出品、一九九二年
日動彫刻展、現代の裸婦展など出品
日本橋三越本店、日本橋高島屋、日動画廊、みゆき画廊、名古屋画廊、銀座アルクスギャラリー、福岡SKギャラリーなど各地で個展開催
作品収蔵：埼玉県立近代美術館、新潟県立美術館、現代彫刻美術館（東京・目黒）、佐久市立近代美術館、笠間日動美術館、うらわ美術館、おかざき世界こども美術館、鹿児島長島美術館、サトエ記念21世紀美術館などに作品収蔵

鳥塚　篤広（とりづか　あつひろ）　第九章

学校法人市川学園市川中学校・市川高等学校講師、学校法人創志学園クラーク記念国際高等学校講師、市川美術会理事・事務局
筑波大学大学院芸術研究科美術専攻書分野修了
修士（芸術学）

主著：「九成宮醴泉銘に関する一考察」（修士論文）二〇〇八年
「元代の章草に関する一考察」（卒業論文）二〇〇六年

音松　俊彦（おとまつ　としひこ）　第十章
神戸天然物化学株式会社品質保証部長
甲南大学大学院自然科学研究科化学専攻修了
修士（理学）
主著：長谷川宏司・広瀬克利編著『最新　植物生理化学』（共著）大学教育出版、二〇一一年
山村庄亮・長谷川宏司・木越英夫編著『天然物化学—海洋生物編—』（共著）アイピーシー、二〇〇八年

常盤　ひかり（ときわ　ひかり）　第十一章
塩野義製薬（株）MR職
筑波大学大学院生命環境科学研究科博士前期課程生物資源科学専攻修了
修士（農学）

長谷川　宏司（はせがわ　こうじ）　第十二章
筑波大学名誉教授
東北大学大学院理学研究科博士課程（生物学専攻）修了
博士（理学）
主著：長谷川宏司・広瀬克利編著『最新　植物生理化学』大学教育出版、二〇一一年
長谷川宏司・広瀬克利編著『食をプロデュースする匠たち』大学教育出版、二〇一一年
長谷川宏司・広瀬克利編著『博士教えてください—植物の不思議—』大学教育出版、二〇〇九年

■編著者紹介

長谷川　宏司　（はせがわ　こうじ）

連 絡 先　つくば市天王台 1-1-1　筑波大学・大学院生命環境科学研究科・生命産業科学専攻
E-mail: pgrowreg@agbi.tsukuba.ac.jp

略　　歴　昭和 47 年 3 月　東北大学大学院理学研究科博士課程（生物学専攻）修了（理学博士）
50 年 1 月　鹿児島大学教養部講師
51 年 4 月　鹿児島大学教養部助教授
57 年 10 月　オランダ王国ワーヘニンゲン大学シニアリサーチフェロー
58 年 4 月　鹿児島大学教養部教授
平成 2 年 9 月　オランダ王国ワーヘニンゲン大学客員教授
3 年 4 月　新技術事業団水谷植物情報物質プロジェクトグループリーダー
5 年 4 月　筑波大学応用生物化学系・大学院バイオシステム研究科教授
7 年 7 月　筑波大学大学院農学研究科教授・バイオシステム研究科教授
12 年 4 月　筑波大学大学院生命環境科学研究科教授
16 年 4 月　独立法人筑波大学大学院生命環境科学研究科教授
19 年 4 月　独立法人筑波大学名誉教授、神戸天然物化学株式会社参与

賞　　罰　平成 7 年 10 月　植物化学調節学会賞

専門分野　植物生理化学、植物分子情報化学

主な著書、総説

1. 長谷川宏司・広瀬克利編著『最新　植物生理化学』大学教育出版、2011 年
2. 長谷川宏司・広瀬克利編著『食をプロデュースする匠たち』大学教育出版、2011 年
3. 長谷川宏司・広瀬克利編著『博士教えてください―植物の不思議議―』大学教育出版、2009 年
4. 山村庄亮・長谷川宏司編著『天然物化学―植物編』アイピーシー、2007 年
5. 長谷川宏司編著『多次元のコミュニケーション』大学教育出版、2006 年
6. S. Yamamura and K. Hasegawa: Chemistry and biology of phototropism-regulating substances in higher plants. The Chemical Record 1: 362-372（2001).
7. J. Bruinsma and K. Hasegawa: A new theory of phototropism-Its regulation by a light-induced gradient of auxin-inhibiting substances. Physiol. Plant. 79: 700-704（1990).

他多数

続・多次元のコミュニケーション

2012 年 11 月 20 日　初版第 1 刷発行

■編 著 者――長谷川宏司
■発 行 者――佐藤　守
■発 行 所――株式会社 **大学教育出版**
〒 700-0953　岡山市南区西市 855-4
電話（086）244-1268　FAX（086）246-0294
■印刷製本――サンコー印刷 ㈱

ISBN978 - 4 - 86429 - 158 - 3